New Wun Ching Developmental Publishing Co., Ltd.

New Age · New Choice · The Best Selected Educational Publications — NEW WCDP

應用統計學

SPSS & AMOS

範例分析完全手冊

第4版

李城忠｜編著

APPLIED STATISTICS

FOURTH EDITION

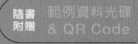

隨書附贈 範例資料光碟 & QR Code

四版序

PREFACE

　　本書是筆者多年教授應用統計的經驗，針對學生學習的需要，編輯而成。許多學生上完統計學，仍無法應用統計分析軟體做實務分析，有此困擾的學生，本書將是最好的參考手冊，本書的編排深入淺出，也相當適合教師教授應用統計之用，就算不具統計基礎的學生，以此書授課，學生也能完全上手。

　　本書為應用統計學之第四版，包含了干擾變數、中介變數、結構方程模式之驗證型因素分析及結構模式分析等內容，中介變數除了用傳統的階層迴歸分析，本次改版則新增隨機機率、SEM（結構方程模式 Bootstrap 理論）的方法，讓同學在處理中介變數時，有更多的方法可參酌使用。在各章節，也適度的導入研究方法的觀念，將研究假設與統計檢定結合，將有助於研究生論文寫作之訓練，全書不以繁瑣的統計公式陳述，而是以論文問卷分析實例連結各統計方法。且 SPSS 及 AMOS 是社會科學常用的套裝軟體，其簡易操作的視窗介面，本書各章節的範例均存放於雲端資料庫，在本書目錄會附上雲端網址及其 QR Code，同時範例也存放於隨書光碟，以方便同學學習之用。SPSS 及 AMOS 是社會科學常用的套裝軟體，有容易操作的視窗介面，有英文版及中文版，適合研究生數量分析使用，詳讀此書，對論文的撰寫一定有相當的助益。

　　本書之出版，要感謝研究生李志青、莊雅倩、王宗基同學的協助（本書的範例是三位研究生的碩士論文 SPSS 資料檔），將筆者上課的講義，做有系統的編輯整理；在部分章節中筆者亦增加理論計算，配合 SPSS 軟體計算所得的數據相應證，期許能使讀者更能了解統計的觀念及其應用。

李城忠 謹誌於大葉大學運動健康管理學系

編著者簡介
AUTHOR

李城忠

現職 ｜ 大葉大學運動健康管理學系教授

學歷 ｜ 國立清華大學理學博士
　　　　朝陽科技大學企管碩士

經歷 ｜ 運動休閒管理學報執行編輯
　　　　運動管理季刊執行編輯
　　　　POWERHOUSE 健康體適能顧問
　　　　台灣體育運動管理學會理事
　　　　大葉大學運動事業管理學系系主任

目 錄
CONTENTS

隨書光碟 QR Code
網址 https://reurl.cc/0EeqW9

CONTENTS

CHAPTER 01

SPSS 概述及資料處理

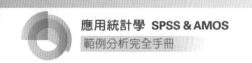
1-1 統計相關名詞解釋

1. 自變數(independent variable)

用以預測或解釋依變數,稱自變數。又名預測變數或解釋變數,不受限制,能自由變化的變數,也是研究者較常操作的變數。

2. 依變數(dependent variable)

隨自變數的變化而變化的變數,稱為依變數或反映(response)變數。研究中,常運用一個或多個自變數去預測依變數(例如:迴歸分析)。

3. 個案(case)

指在研究中的一個完整個體,具有很多特質(變數)。

4. 母體(population)

是所有個案的組合。

5. 樣本(sample)

是指母體中部分個體所組成集合。

6. 資料(data)

母群體或樣本中相關變數的數值。

7. 測量水準(level)

給予研究現象一個適當的數值,並依其所用量尺單位來決定研究資料的測量水準。

8. 共變數(covariate)

研究自變數與依變數之間關係時,用以修正或調整依變數分數者。

9. 遺漏值(missing data)

將受訪者遺漏回答或不願回答的資料設定特定數值。

SPSS 介紹及編碼

SPSS 為 Statistical Package for the Social Science 的簡稱。SPSS 最早於 1965 年發展完成，其最大的優點為簡單便捷的操作原理與指令運用，且提供了一套最簡單的資料轉換(data transformation)系統，對於硬體的需求也較低。

1-2-1 SPSS 之基本運用原理

1. SPSS 系統的資料編輯視窗畫面

(1) 資料檔(.sav)

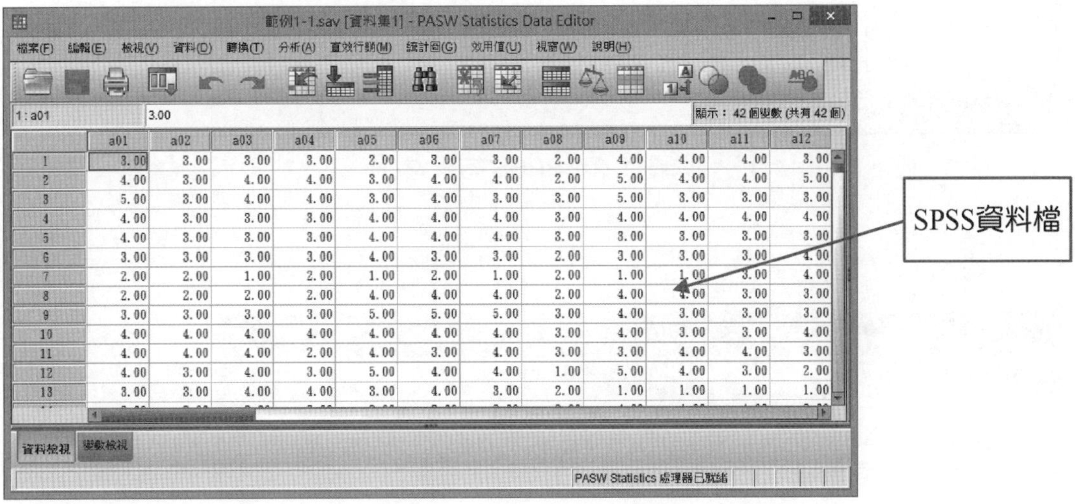

圖 1-1 SPSS 資料檔

資料編輯視窗主要功能在提供使用者建立原始資料檔之用，其內定的副檔名為〝sav〞。在 SPSS 的環境中，資料檔只能有一個，其資料將顯示於資料視窗中。要儲存資料時，可選擇功能「File」之副功能「Save」存檔或「Save as」另存新檔。(圖 1-1)。[◎ 資料檔：範例 1-1]

(2) 結果檔（.spv）輸出視窗（圖 1-2~1-3）

結果輸出視窗主要功能在儲存執行程式檔後之報表結果，並進行編輯與修改之工作，其內定的副檔名為〝spv〞。在 SPSS 的環境中，輸出檔只能有一個，且分析的結果會疊加於後，其輸出結果將顯示於輸出視窗中。

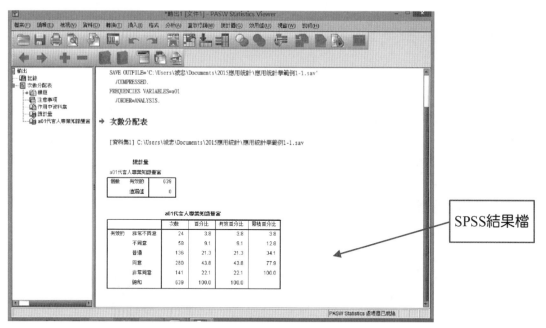

◐ 圖 1-2　SPSS 結果檔(1)

◐ 圖 1-3　SPSS 結果檔(2)

1-2-2　SPSS 之編碼

　　SPSS 的編碼很重要，良好的編碼，可讓分析報表更清晰易懂，而且也可提供其他統計軟體共用資料的可行性。良好的編碼須掌握以下要點：

1. 每一欄位就是一個題項（或變數），變數名稱最好是用英文來命名，即便是使用中文版的 SPSS 分析軟體；因為可增加其他統計軟體的共用性。

※ 變數名稱輸入應注意事項

(1) 變數名稱的第一個字母必須是英文字母，其餘可為任何字母、數字或符號。

(2) 變數名稱不能超過 8 個字。

(3) 空白或特殊符號，諸如〝&〞、〝!〞、〝?〞、〝/〞 等不能出現在變數名稱中。

(4) 每個變數名稱必須唯一，不能重複。

(5) 下列保留字不能當作變數名稱：

　　錯誤的變數：ALL、AND、BY、NOT、OR、TO、WITH。

2. 變數名稱為英文名稱，所以要在變數檢視視窗的標記欄位（如圖 1-4~1-7），註明變數的中文意義。

3. 如果是類別變項（通常為人口統計變項），也要在變數檢視視窗的數值欄位，鍵入各類別變數數值所代表的中文意義（如圖 1-8）。若有遺漏值，也可設定特殊的數值來做註記（如圖 1-9）。

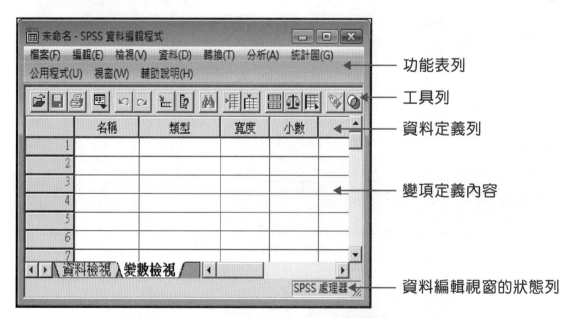

　 圖 1-4　SPSS 資料編輯視窗之變數檢視工作圖解

🌀 圖 1-5　SPSS 資料編輯視窗之資料檢視工作表圖解

🌀 圖 1-6　SPSS 資料編輯視窗之資料檢視範例

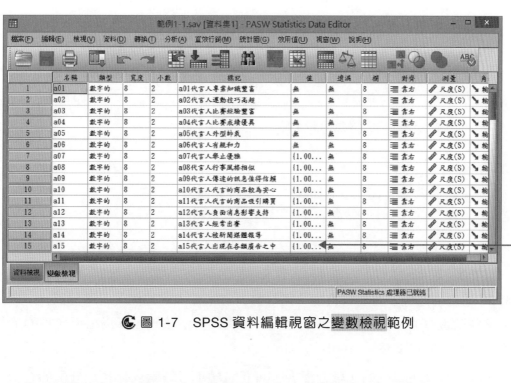

Ⓒ 圖 1-7　SPSS 資料編輯視窗之變數檢視範例

Ⓒ 圖 1-8　SPSS 資料編輯視窗之變數檢視數值標示範例

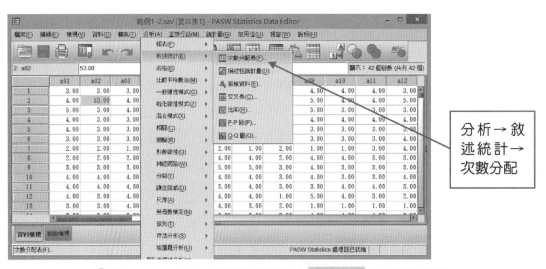

圖 1-9　SPSS 設定遺漏值

1-2-3　SPSS 資料的查核

SPSS 編碼的過程，因資料太多，經常會有打字輸入的錯誤，所以編碼後，一定要檢查資料是否有誤。資料太多，不可能用目視的方法檢查，所以用系統性的方法來檢查資料是有其必要性。

運用敘述統計工具列的次數分配表，可將各題項五等量表作次數分配的查核，若有「非 1~5」的數字出現，代表輸入資料有誤，就必須找到該題項，將錯誤資料修正。（如圖 1-10~1-11）[◎ 資料檔：範例 1-2]

圖 1-10　SPSS 資料編輯視窗之資料檢視數值標示範例

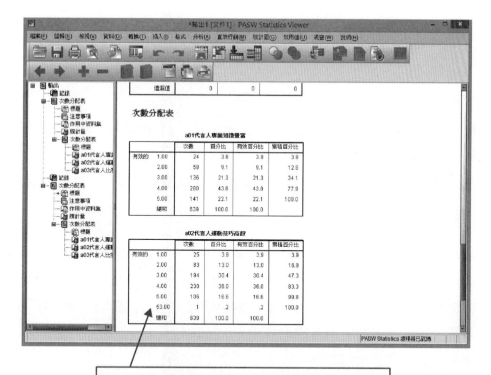

53：非五等等量表1~5的數字，表示資料有誤，必須找到錯誤數值予以修正。

ⓒ 圖 1-11　SPSS 資料查核除錯範例

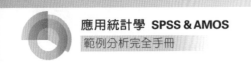

1-3 　變數的概念和操作定義

不同變項屬性，所適用的統計方法也不同。

變數(variable)隨著個案不同，其屬性也會改變。以年齡為例，例如不同年齡層，變數屬於名義尺度；但若為不同的年齡，則變數屬於等比尺度。

依不同測量方法的特性，測量尺度可分成四種類型：名義、順序、等距和等比。

1-3-1　名義尺度(nominal scale)

名義尺度（或稱名目尺度）為資料尺度的一種，標示某個體只能屬於某類別。

名義尺度的測量，針對被觀察者的某一現象或特質，評估所屬類型種類，並賦予一個特定的數值。由名義尺度所測量得到的變數，稱名義變項（如：性別，男女之分；籍貫，台北市、台中市、台南市…）。

名義尺度必須符合兩項要點：

1. 互斥(mutually exclusive)

不同類別之間必須互斥，沒有交集或重疊。

2. 完整(exhaustive categories)

測量尺度的分類必須包括所有的可能性。

1-3-2　順序尺度(ordinal scale)

順序尺度（或稱次序尺度）為資料尺度的一種，除了可指明某個體是否屬於某類別外，尚可將這些類別依某系統做排序。

順序尺度的測量，對於被觀察者的某一現象的測量內容，除了具有分類意義外，各名義類別間存在特定的大小順序關係。以順序尺度測量得到的變項稱為順序變項（如：教育程度：國小、國中、高中；社經地位：高、中、低…）。

名義尺度可依研究者的需要任意指定，但是順序尺度的數值分配則須考慮順序關係，研究者僅可選擇升冪或降冪來排列不同的順序類別，不能任意指定數值給尺度中的不同類別。順序尺度所測得的數值雖具有順序的意義，但是由於沒有特定的單位，除了大小順序之外，數值並無數學邏輯運算的功能與意義。

1-3-3　等距尺度(interval scale)

等距尺度（又稱區間尺度）為資料尺度的一種，以相同距離為單位來測量個案某性質的數據。

等距尺度測量得到的數值，除了具有分類、順序意義外，數值大小反應了兩個被觀察者的差距或相對距離。以等距尺度測量得到變項，稱為等距變項，其數值兼具分類、次序、差距的意義（如：用溫度計量出的「溫度」、用考試決定的「學業成績」或是用智力測驗得知的「智商」）。

等距尺度是一種具有標準化單位的測量工具，因為具備了標準化的單位，才能確定不同的測量值的差距（相差多少個單位）。

等距尺度重要特性：

其單位只有相對的零點，而無絕對的零點。

相對零點的使用，使得數值與數值的比值，僅具有數學的意義，而缺乏實質的意義，研究者應避免直接取用兩個等距變項的數值互相乘除比較。

1-3-4　等比尺度(ratio scale)

等比尺度（或稱比率尺度），為資料尺度的一種，以相同距離為單位來測量個案性質的數據，有一絕對「0」值。

當一個測量尺度使用了某個標準化的單位，同時又具有一個絕對零點，稱為等比尺度（如：身高，公分；體重，公斤；工作所得，元）。等比尺度因為具有對零點的標準化單位，數值與數值之間除了具有距離以反映相對位置，同時數值與數值之間的比率具有特定的意義。一般而言，社會科學常用的李克特五等量表，語意上是連續的，故可視為等比尺度。

事實上，等距尺度和等比尺度之間的差別是很微小的，並不需要區隔開來。做研究時，若此變數為等距尺度，通常分析資料時，也會將它視為等比尺度來進行運算，基於這個原因，所以常將等距／比率尺度放在一起討論和說明。

名義尺度和次序尺度是較簡便的測量方式，等距尺度和比率尺度則是可以量化，直接可以數字運算呈現資料之差距。

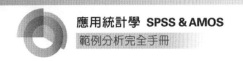
1-3-5 連續和離散變數

測量數值也常區分為連續變數和離散變數。

1. 連續變數(continuous variable)

為變數的一種,其數值可用無限的單位來量化。

連續變數與離散變數不同,連續變數在測量單位時,通常可以無限細分,也可接受小數。理論上,連續變數是數值逐漸慢慢移動,以年齡為例,年齡可以是連續變數,在測量年齡時,並沒有所謂的基本單位,也許可以年為單位,而一年又可換算為十二個月,月又可換算為週,週又可換算為天等等,這個變數考量的是,對於此變數需要計算到多精確。在實務上,若問卷是用以下方式呈現,則年齡視為連續變數(屬於等比尺度)。

請填答您的年齡是_____歲。

2. 離散變數(discrete variable)

離散變數(或稱類別變數)為變數的一種,其數值為可數,如宗教別、病床數。

在名義尺度中,離散變數之數值單位通常不能再細分,或是其數值單位沒有小數點;以性別為例,變數只有兩種結果,女性或男性,所以數值只有兩類。人口統計變數中的學歷、性別、職業等,都是類別變數。在實務上,若問卷是用以下方式呈現,則年齡視為類別變數(屬於名義尺度)。

年齡: ①□20 歲以下　②□21~30 歲　③□31~40 歲
　　　④□41~50 歲　⑤□51~60 歲　⑥□61 歲以上

1-4　變數的組合關係

1-4-1　中介變數

產品品質　➡　滿意度　➡　忠誠度

中介效果應同時符合下列條件：

1. 自變數顯著影響中介變數。

2. 中介變數顯著影響依變數。

3. 沒有中介變數時，自變數會顯著影響依變數。

4. 有中介變數時，自變數影響依變數變為不顯著。

1-4-2 混淆變數

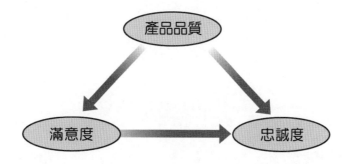

論文主題為探討滿意度與忠誠度的因果關係，滿意度為因，忠誠度為果，在此研究架構產品品質為混淆變數。

1-4-3 伴隨變數

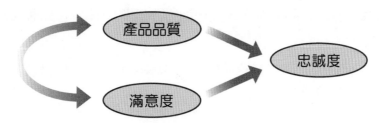

論文主題為探討產品品質與忠誠度的因果關係，產品品質為因，忠誠度為果，在此產品品質與滿意度有相關性但無因果關係，所以滿意度在研究架構中為伴隨變數。

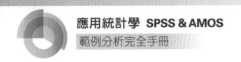
1-4-4　干擾變數

1. 干擾變項 A 圖

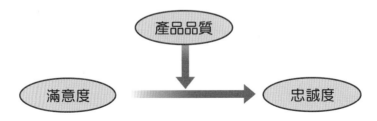

　　論文主題為探討滿意度與忠誠度之因果關係，在此研究架構產品品質為干擾變數。

2. 干擾變項 B 圖

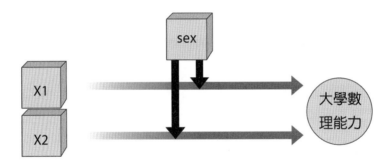

　　論文主題為探討 X1、X2 與大學數理能力之因果關係，在此研究架構 SEX（性別）為干擾變數。

　　干擾變數 A 圖中產品品質為連續變數的干擾變數，而干擾變數 B 圖中 SEX（性別）為類別變數的干擾變數。

1-4-5　前置變數

　　論文主題為探討滿意度與忠誠度之因果關係，滿意度為因，忠誠度為果，在此研究架構產品品質為前置變數。

1-5 資料前處理

資料分析之前,經常要先進行資料的前處理,例如資料的排序、資料的合併、資料的轉換等,這些雖不是正式的資料分析,但仍非常重要,分述如下。

1-5-1 資料排序

統計分析時,有時研究者必須根據觀察值在某些變項之編碼值的大小,進行排序工作,各變數的觀察值可利用排序功能依升冪(由小而大)或降冪(由大而小)重新安排順序(如圖 1-12~1-14)。[● 資料檔:範例 1-3]

步驟一 ▶ 開啟範例 1-3,檢視的工具列中,選擇觀察值排序

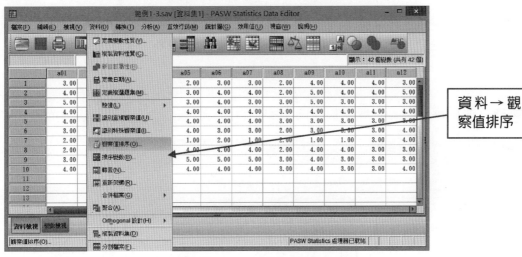

資料→觀察值排序

🅒 圖 1-12 觀察值排序指令

步驟二 會出現觀察值排序指令的對話方塊

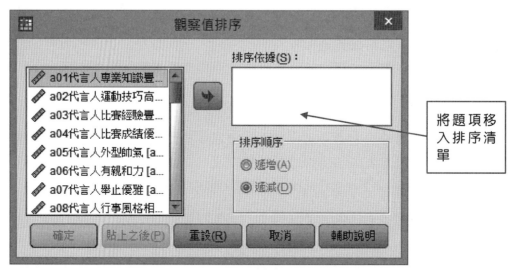

◎ 圖 1-13 觀察值指令之對話方塊

步驟三 進行排序時，選取欲排序的變項進行排序

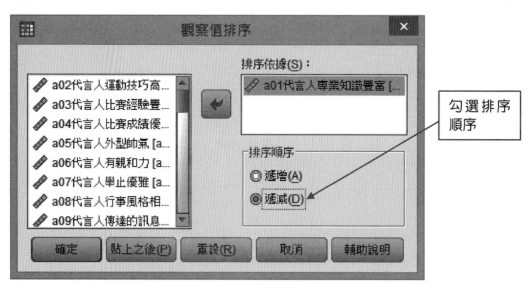

◎ 圖 1-14 對變項 a01 進行排序之設定

從對話方塊左邊之來源變項清單中點選一個變項，並將變項移至右邊依此排序之方格中，再點選對話方塊右下方之排序方式選項，如此就完成排序依據變項之設定。

1-5-2 資料檔之合併

在實際統計資料分析時，因實際的需要，研究者常常將兩個以上的資料檔案合併。例如，在前後測的研究設計中，受試者同時接受前測和後測，除非研究者等到整個實驗結束才登錄資料，但，一般都會將前測和後測各建立一個資料檔，如果研究者想比較前後測的差異，就必須將前後測兩個資料檔加以合併，進行比較分析。

另一實務操作上，會將同一份系統資料，拷貝成多個檔案，請多人幫忙建置資料，然後將多個建置好的資料，合併成一個檔案，如[◎資料檔：**範例 1-4**]（5 筆資料）合併[◎資料檔：**範例 1-3**]（10 筆資料）。（如圖 1-15~1-19）

步驟一▶ 開啟範例 1-4

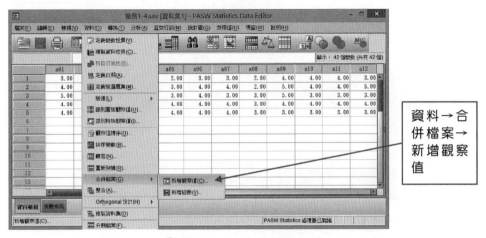

⚙ 圖 1-15 範例 1-4

步驟二▶ 開啟合併檔案的工具列（新增觀察值）

⚙ 圖 1-16 合併檔案指令

步驟三▶ 點選外部 SPSS 資料，範例 1-3

Ⓖ 圖 1-17　合併外部檔

步驟四▶ 出現新增變項指令的第二層對話方塊，按確定

Ⓖ 圖 1-18　新增觀察值指令的第二層對話方塊

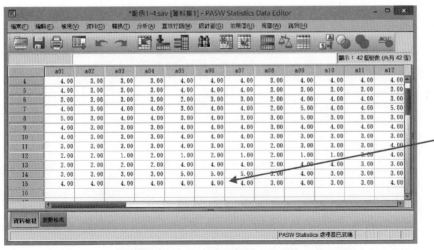

圖 1-19　合併後，資料由 5 筆增為 15 筆

1-5-3　資料檔之轉換

資料轉換指令在資料分析過程中，常因為實際需要，必須根據現有原始資料進行一些資料轉換指令，以因應統計分析的需求。例如：研究者欲加總問卷研究中分量表的總分；或是在原始資料中，身高是以等比尺度建立，而在分析時想把這個變項轉換成高、中、低三組（次序尺度），此時研究者就必須進行資料轉換的工作。

或者分析資料的過程中，研究者常常必須根據資料檔案中原有的變項，經過適當的轉換，而創造新變項。舉例：計算觀察值在某幾個變項上分數的總分或是平均數。或是利用 SPSS 系統裡所提供的數學公式創造新變項，皆可應用轉換(transform)功能表中的計算(compute)指令完成資料轉換工作。

開啟[◉ 資料檔：範例 1-1]（如圖 1-20~1-21）。

將購買意願四個題項(c01~c04)的分數加總，成為另一新的欄位(sum_c)。

> 【第三部分】主要想瞭解您透過世足賽球員代言後，對於 Adidas 這個品牌的運動商品的消費意願。在下列句子中請依您目前情況，在各項最適合的 "□" 中打「∨」：（請注意：1 表示非常不同意，5 才是非常同意）
>
> | | 非常不同意 | 不同意 | 普通 | 同意 | 非常同意 |
> |---|---|---|---|---|---|
> | 1. 我會主動去詢問了解 Adidas 這個品牌的運動商品。……… | 1 | 2 | 3 | 4 | 5 |
> | 2. 在同價位的商品中，我會優先買 Adidas 這個品牌的商品。 | 1 | 2 | 3 | 4 | 5 |
> | 3. 我願意推薦 Adidas 的運動商品給我的親朋好友。……… | 1 | 2 | 3 | 4 | 5 |
> | 4. 我採購運動商品時，購買 Adidas 這個品牌的可能性很高。 | 1 | 2 | 3 | 4 | 5 |

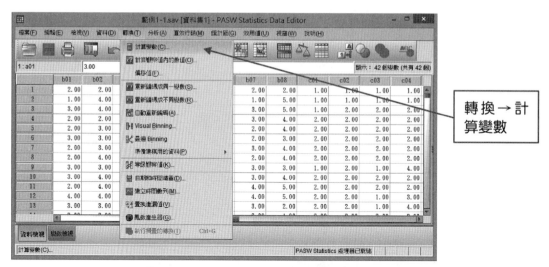

轉換→計
算變數

C 圖 1-20　開啟轉換功能表中的計算指令

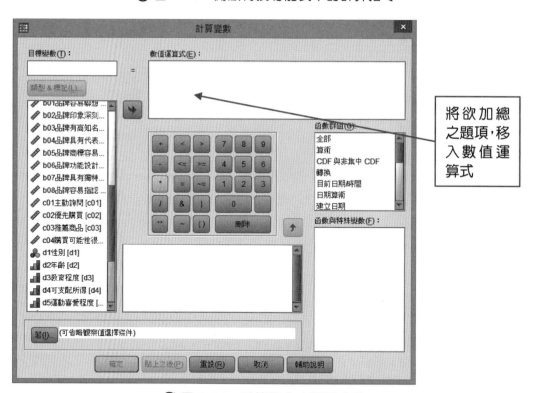

將欲加總
之題項，移
入數值運
算式

C 圖 1-21　計算指令之對話方塊

　　進入計算選項後，會出現計算指令的對話方塊，研究者必須在目標變數方格中
輸入新變項的名稱，並在數值運算式的方格中，使用滑鼠或鍵盤點選新變項之條件
敘述。

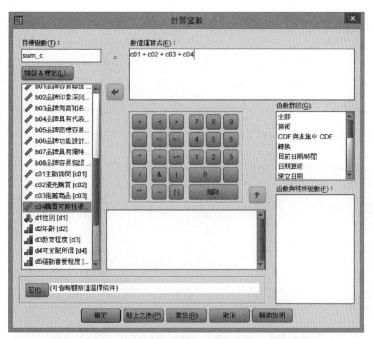

然後按下確定鍵，就會新增 sum_c 的欄位。

◖ 圖 1-23　新增 sum_c 的欄位

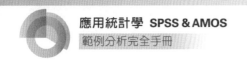

1-5-4　資料篩選

進行統計分析的過程中，若研究者想選擇某部分觀察值進行統計分析（非資料轉換），例如：原始資料檔中所有觀察值，依照性別的不同，計算男性觀察值與女性觀察值之描述統計量，此種情況為「選擇部分觀察值進行統計分析」。

開啟[◎ 資料檔：範例 1-1]。

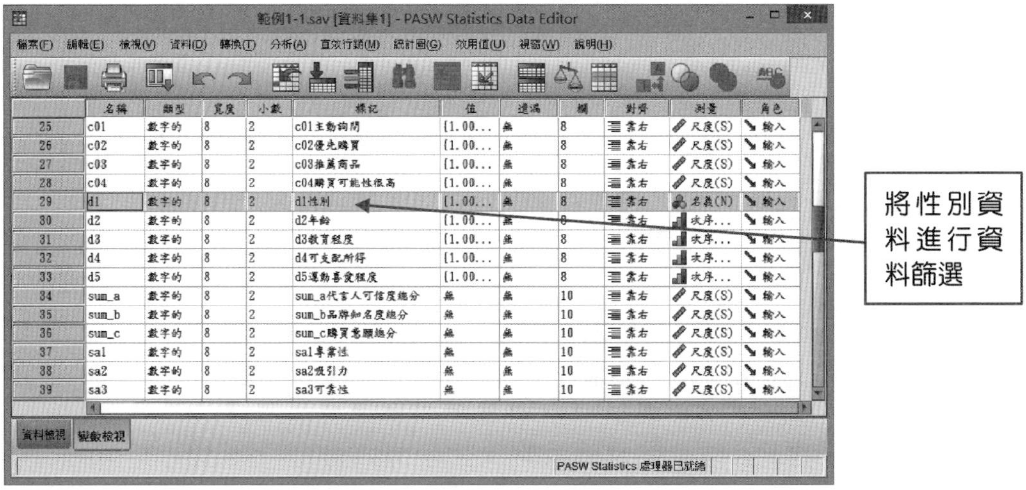

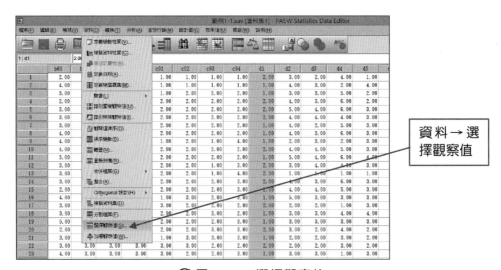

◎ 圖 1-24　範例 1-1，變數 d1 為性別

點選資料指令下的選擇觀察值。

◎ 圖 1-25　選擇觀察值

點選：如果滿足設定條件。

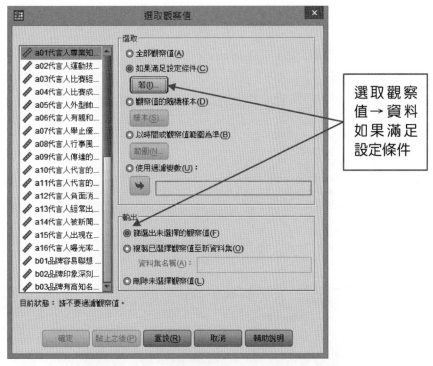

🄒 圖 1-26　選擇觀察值，第二層之對話方塊

設定 d1=1（男生）。

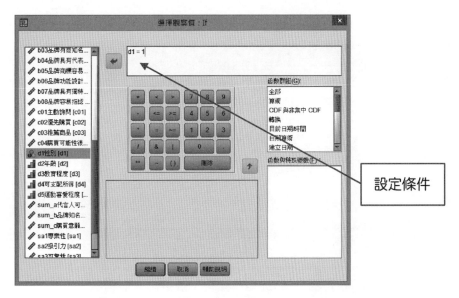

🄒 圖 1-27　第二層之對話方塊，設定 d1=1

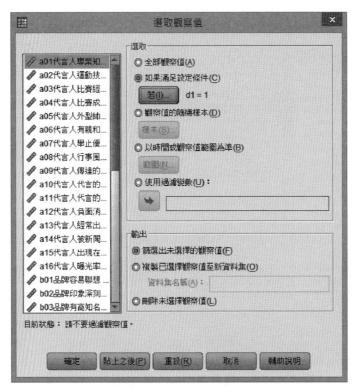

🍀 圖 1-28　點選：篩選出未選擇的觀察值

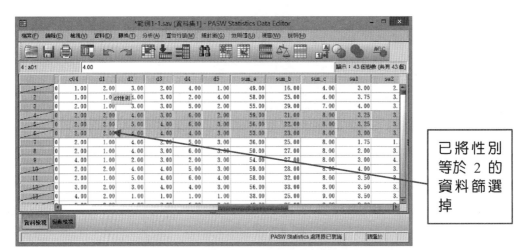

🍀 圖 1-29　將 d1=2（女生）篩選出，並剔除

CHAPTER 02

項目分析

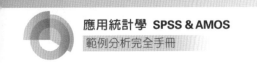

問卷發展過程中，預試問卷為檢測題目是否恰當的一個重要步驟，而預試問卷中，最重要的工作即為項目分析。而題目的好與壞、適切性與可行性應從各種量化的指標來檢驗。

2-1　項目難度與鑑別度

項目難度與鑑別度較適合用在「不是對的，就是錯的」的測驗試題中，也就是說，具有正確、標準答案的測驗試題。在試題分析時，通常會將測驗總得分前 25~33%設為高分組，而測驗總得分後 25~33%設為低分組，然後算出高低二組在每個試題答對人數的百分比，再根據高低分組在每個試題答對人數之百分比算出試題的難度與鑑別度。

2-1-1　項目難度(item difficulty)

是指一項測驗試題對於受測者能力水準的反應，適用於能力測驗或教育測驗的項目評估，因為測驗的題目是用來判定能力的強弱。項目難度通常以所有受測者在該項目上正確答對的百分比來表示，也就是通過人數的百分比 (percentage passing)，用 p 來表示，若 p 值越高，表示通過人數越多，題目越簡單；若 p 值越低，則反。例如：p = .8，表示有 80%的受測者可以正確答對某一題目。如果一項題目難度太低或太高，都將失去一項測驗真實的意義，無法測出受測者實際水準的能力。所以，p=.5 為最恰當，表示全體受測者所得分數分配呈現常態。

項目難度公式：$P = (P_H + P_L) \div 2$

P：為試題總難度。

P_H：代表高分組在某個題項答對人數的百分比。

P_L：代表低分組在某個題項答對人數的百分比。

2-1-2　項目鑑別度(item discrimination)

除了測驗試題的難易度，還需測驗試題是否能精確的、有效的反映受測內在特質的程度，並能夠鑑別個別差異的能力，也就是試題的鑑別度。而測驗試題是否具有鑑別度，可以從具有特殊屬性的受測者在各試題通過比率的差異來判斷。

　　首先，可以根據某一個有效標的，將受測者之得分依照高低順序排列，然後選出最高分（例如：前 25%）與最低分（例如：後 25%）的兩群人，稱效標組。然後比較每一試題在這兩個效標組的得分是否達顯著差距，通常具有鑑別度的題目能用來鑑別兩個效標組，換句話說，高分組在每一個測驗題目上之平均數應高於低分組的平均數，若其高低分組的平均數差距非常相近，那表示該題目不具鑑別度。我們可以將兩組得分情形換算成通過人數百分比，用 P_H、P_L 來表示，把兩個百分比相減，可以得到一個差異值 D。

　　鑑別度指數公式：$D = P_H - P_L$

　　D：鑑別度指數，即用來反映一個題目的鑑別力。（D 值越大，代表題目的鑑別指數越大，較佳的試題，D 值通常會在 0.3 以上）

　　要了解問卷的鑑別度，可以進行項目分析，項目分析的程序包含下列 2-2~2-4 小節的內容，現分述如下。

2-2 反向題重新計分

　　在資料分析過程中，常會有反向計分的題目，以五點量表來說明，正向題的題目通常給予 5（非常滿意）、4（滿意）、3（普通）、2（不滿意）、1（非常不滿意）分，而反向計分的題目，通常會給予 1、2、3、4、5。對項目分析而言，第一個步驟必須將題目的計分方式轉化成一致性。[◎ **資料檔：範例 2-1**]

　　以下所附問卷，第 8.題「在眾多品牌商品之中，我不容易認出 Adidas 這個品牌。」與前七題的語意相反（此為反向題），因此在這一組的問卷題目，集中趨勢是不一致的。在分析資料之前，要先將反向題做相反的計分，讓整組的資料有一致性的集中趨勢。

範例 2-1，所對應的問卷題項如下表：

【第二部分】主要想瞭解您**對於「Adidas」這個品牌的看法**。在下列句子中請依您目前情況，在各項最適合的〝□〞中打「∨」：（請注意：1 表示非常不同意，5 才是非常同意）

	非常不同意	不同意	普通	同意	非常同意
1. 當我購買運動商品時，我容易聯想到 Adidas 這個品牌。…	1	2	3	4	5
2. 我認為 Adidas 是讓人印象深刻、熟悉的運動商品品牌。…	1	2	3	4	5
3. 我認為 Adidas 在運動商品中，是有很高知名度的品牌。…	1	2	3	4	5
4. 我認為 Adidas 在運動商品的品牌中，具有代表性地位。…	1	2	3	4	5
5. 我覺得 Adidas 的商標設計別緻，消費者非常容易辨認。…	1	2	3	4	5
6. 我覺得 Adidas 在運動商品的功能設計上有獨到之處。…	1	2	3	4	5
7. 我覺得在眾多品牌商品之中，Adidas 具有獨特的風格。…	1	2	3	4	5
8. 在眾多品牌商品之中，我不容易認出 Adidas 這個品牌。…	1	2	3	4	5

	名稱	類型	寬度	小數	標記	值	遺漏	欄	對齊	測量
16	a16	數字的	8	2	a16代言人曝光率高引起注意	{1.00...	無	8	靠右	尺度(S)
17	b01	數字的	8	2	b01品牌容易聯想	{1.00...	無	8	靠右	尺度(S)
18	b02	數字的	8	2	b02品牌印象深刻、熟悉	{1.00...	無	8	靠右	尺度(S)
19	b03	數字的	8	2	b03品牌有高知名度	{1.00...	無	8	靠右	尺度(S)
20	b04	數字的	8	2	b04品牌具有代表性地位	{1.00...	無	8	靠右	尺度(S)
21	b05	數字的	8	2	b05品牌商標容易辨認	{1.00...	無	8	靠右	尺度(S)
22	b06	數字的	8	2	b06品牌功能設計上有獨到	{1.00...	無	8	靠右	尺度(S)
23	b07	數字的	8	2	b07品牌具有獨特的風格	{1.00...	無	8	靠右	尺度(S)
24	b08	數字的	8	2	b08品牌不容易指認	{1.00...	無	8	靠右	尺度(S)
25	c01	數字的	8	2	c01主動詢問	{1.00...	無	8	靠右	尺度(S)
26	c02	數字的	8	2	c02優先購買	{1.00...	無	8	靠右	尺度(S)
27	c03	數字的	8	2	c03推薦商品	{1.00...	無	8	靠右	尺度(S)
28	c04	數字的	8	2	c04購買可能性很高	{1.00...	無	8	靠右	尺度(S)
29	d1	數字的	8	2	d1性別	{1.00...	無	8	靠右	名義(N)
30	d2	數字的	8	2	d2年齡	{1.00...	無	8	靠右	次序...

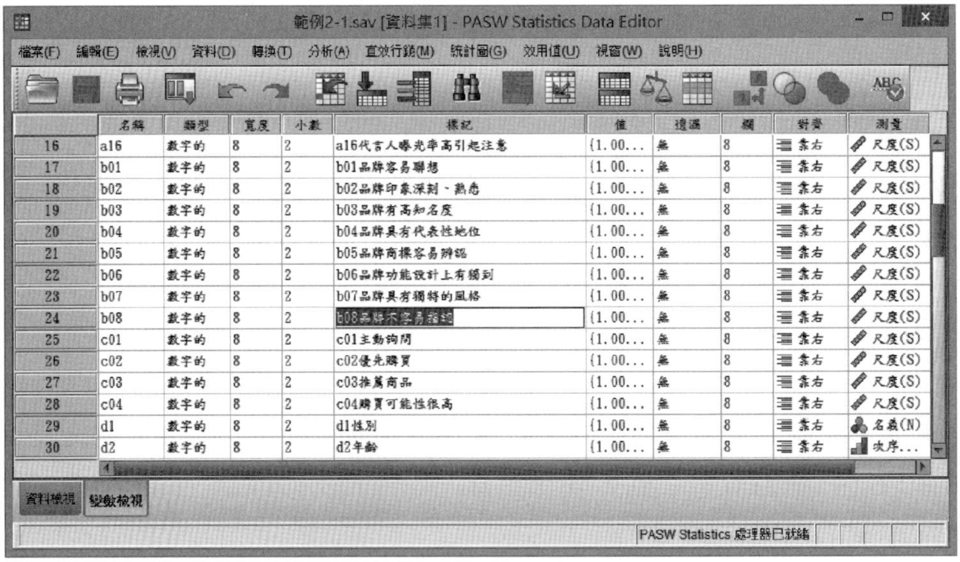

圖 2-1　b08 題項為反向題

1. 點選轉換功能表中重新編碼指令。

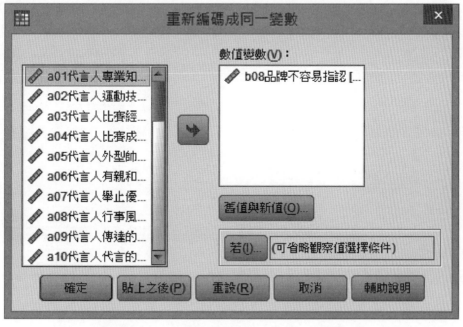

🦜 圖 2-2　點選轉換功能表之重新編碼成同一變數指令

2. 點選轉換功能下之重新編碼成同一變數(into same variables)：指將編碼值轉換後的結果，直接取代資料檢視視窗的原來變項名稱下的數值。

🦜 圖 2-3　重新編碼成同一變數之對話方塊

點選「舊值與新值」按鍵後，會出現一個次對話方塊。

左邊「舊值」，點選數值(V)，並在方格中輸入原有數值，右邊「新值」，同樣點選數值(L)，輸入將取代原有數值的新碼。輸入舊值與新值後，按下新增鍵，重複此步驟，舊值→新值(D)的方格中即會顯示：

🍄 圖 2-4　重新編碼成同一變數:舊值與新值之次對話方塊

🍄 圖 2-5　b8 題項之計分，已反向設定完成

將完成反向題設定的檔案，另存新檔為範例 2-2，與原檔案（範例 2-1）做區隔。

將反向題重新計分後，求出「品牌知名度 b01~b08」量表的總分（先前 1-5-3 節中有介紹如何計算量表加總），加總後根據量表總分加以排序（1-5-1 節中已介紹）。

按照總分的高低排序，主要目的是找出高低分組總人數之 25%的分數。總測試樣本人數為 639 人，前 25%人，為第 160 受試者的得分，後 25%人，為第 479 受試者的得分[◎ 資料檔：範例 2-2]。

		d4	d5	sum_a	sum_b
154	.00	5.00	4.00	67.00	35.00
155	.00	4.00	3.00	68.00	35.00
156	.00	2.00	4.00	72.00	35.00
157	.00	3.00	4.00	73.00	35.00
158	.00	6.00	3.00	59.00	35.00
159	.00	6.00	4.00	69.00	35.00
160	.00	2.00	2.00	65.00	35.00
161	.00	5.00	4.00	66.00	35.00
162	.00	3.00	3.00	55.00	34.00
163	.00	1.00	3.00	57.00	34.00

◎ 圖 2-6　35 分以上為高分群

474	.00	1.00	3.00	43.00	29.00
475	.00	6.00	3.00	56.00	29.00
476	.00	6.00	3.00	59.00	29.00
477	.00	2.00	4.00	52.00	29.00
478	.00	1.00	3.00	53.00	29.00
479	.00	1.00	2.00	47.00	29.00
480	.00	4.00	3.00	53.00	29.00
481	.00	5.00	2.00	62.00	29.00
482	.00	2.00	2.00	48.00	29.00
483	.00	6.00	4.00	67.08	29.00

◎ 圖 2-7　29 分以下為低分群

選出高低分組 25%的分數後，設高分組（總分 35 分以上）為第一組；低分組（總分 29 分以下）為第二組。

點選轉換功能下之重新編碼成不同變數：編碼數值轉換後的結果，將產生一個新的欄位（變數）。

圖 2-8　執行轉換指令下之重新編碼程序

點選「成不同變數」後，跑出重新編碼成不同變數之對話方塊。

圖 2-9　重新編碼指令下之成不同變數的對話方塊

點選加總選項之後，並在右邊「輸出之新變數」方格中輸入分組新變項的名稱（例：group_b），按下「變更」鍵後，接著按下「舊值與新值鍵」。

按下「舊值與新值」鍵，會出現次對話方塊，點選範圍(E)，輸入設定值（高分組之臨界值 35），之後點選右邊「新值為」項下的數值，在方格中輸入 1（高分組設為第一組），設定完畢後按下新增鍵。

🍀 圖 2-10　高分群設定

　　接著點選範圍(G)，輸入低分組臨界點的設定值(29)，點選右邊「新值為」項下的數值，輸入 2（低分組設為第二組），按下新增，然後按下繼續鍵。另存新檔為範例 2-3。

🍀 圖 2-11　低分群設定

範例2-3.sav [資料集1] - PASW Statistics Data Editor

檔案(F) 編輯(E) 檢視(V) 資料(D) 轉換(T) 分析(A) 直效行銷(M) 統計圖(G) 效用值(U) 視窗(W) 說明(H)

顯示：43 個變數 (共有 43 個)

		sum_b	sum_c	sa1	sa2	sa3	sa4	ba1	ba2	group_b	var
155	0	35.00	13.00	4.50	4.75	3.50	4.25	4.50	4.25	1.00	
156	0	35.00	10.00	3.75	4.50	4.75	5.00	4.75	4.00	1.00	
157	0	35.00	12.00	5.00	3.75	4.75	4.75	4.50	4.25	1.00	
158	0	35.00	14.00	4.00	3.75	3.50	3.50	4.50	4.25	1.00	
159	0	35.00	14.00	4.00	3.75	5.00	4.50	4.25	4.00	1.00	
160	0	35.00	12.00	3.25	4.25	4.00	4.75	4.00	4.75	1.00	
161	0	35.00	13.00	4.00	3.75	4.75	4.00	4.75	4.00	1.00	
162	0	34.00	9.00	3.25	3.75	3.50	3.25	4.25	4.25	.	
163	0	34.00	12.00	3.00	3.75	3.75	3.75	4.25	4.25	.	
164	0	34.00	12.00	4.00	3.75	3.75	3.75	4.00	4.50	.	
165	0	34.00	12.00	5.00	4.25	4.25	5.00	4.00	4.50	.	
166	0	34.00	13.00	4.25	4.50	1.00	3.25	4.00	4.50	.	
167	0	34.00	13.00	4.00	4.00	4.25	4.75	4.50	4.00	.	

資料檢視　變數檢視

PASW Statistics 處理器已就緒

(a)高分群

範例2-3.sav [資料集1] - PASW Statistics Data Editor

檔案(F) 編輯(E) 檢視(V) 資料(D) 轉換(T) 分析(A) 直效行銷(M) 統計圖(G) 效用值(U) 視窗(W) 說明(H)

顯示：43 個變數 (共有 43 個)

		sum_b	sum_c	sa1	sa2	sa3	sa4	ba1	ba2	group_b	var
430	0	30.00	14.00	4.00	4.25	4.25	3.75	3.50	4.00		
431	0	30.00	11.00	2.25	3.50	3.75	3.50	3.75	3.75	.	
432	0	30.00	8.00	3.50	3.00	3.00	3.00	3.50	4.00	.	
433	0	30.00	13.00	3.75	4.25	4.00	4.00	3.50	4.00	.	
434	0	30.00	14.00	4.50	3.75	4.75	4.25	3.75	3.75	.	
435	0	30.00	10.00	3.75	3.50	3.00	3.50	3.25	4.25	.	
436	0	30.00	11.00	4.25	3.00	4.00	4.25	3.75	3.75	.	
437	0	29.00	7.00	4.00	3.25	3.50	3.00	3.75	3.50	2.00	
438	0	29.00	9.00	2.25	3.50	4.00	4.25	4.00	3.25	2.00	
439	0	29.00	9.00	3.75	3.75	3.75	3.75	3.50	3.75	2.00	
440	0	29.00	10.00	3.75	4.00	4.00	2.75	4.00	3.25	2.00	
441	0	29.00	10.00	4.00	3.25	3.75	3.75	4.00	3.25	2.00	
442	0	29.00	11.00	3.00	3.00	3.00	4.00	3.75	3.50	2.00	

資料檢視　變數檢視

PASW Statistics 處理器已就緒

(b)低分群

🜨 圖 2-12　範例 2-3：高低分組之結果

高低組在題項之差異

　　項目分析主要是以獨立樣本 t 檢定，來檢測高低兩分組在同一系列的題項上是否有顯著的差異，若有顯著差異，代表該題項是有意義的，應予保留，若無差異，則應予刪除。

[◉資料檔：範例 2-3]

　　點選分析項下比較平均數法(M)的獨立樣本 t 檢定(T)，會出獨立樣本 T 檢定的對話方塊，將 b01~b08 移向右邊檢定變數(T)之方格中，再將 group_b 移向右邊之分組變數(G)方格中，按下定義組別(D)鍵。

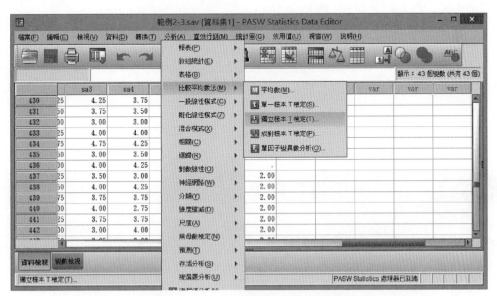

◐ 圖 2-13　執行獨立樣本 t 檢定

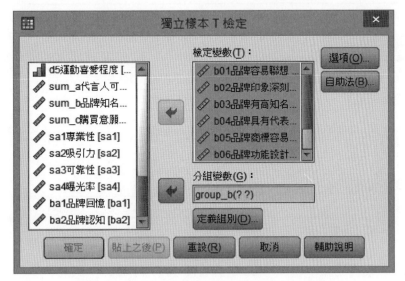

◐ 圖 2-14　獨立樣本 t 檢定之對話方塊

　　按下定義組別鍵後，會出現次對話方塊，點選使用指定的數值(U)，輸入高低分組別 1 與 2，再按下繼續鍵回到原對話方塊，按下確定鍵。

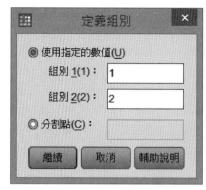

⊙ 圖 2-15　獨立樣本 t 檢定項下之定義組別次對話方塊

　項目分析報表結果

1. SPSS 組別統計量（問卷附於附錄一）

組別統計量

題項	題目		個數	平均數	標準差	平均數的標準誤
b01	品牌容易聯想	1.00	161	4.5217	.68087	.05366
		2.00	203	2.9557	.83429	.05856
b02	品牌印象深刻、熟悉	1.00	161	4.7640	.44039	.03471
		2.00	203	3.3498	.79655	.05591
b03	品牌有高知名度	1.00	161	4.8820	.32363	.02551
		2.00	203	3.4532	.80931	.05680
b04	品牌具有代表性地位	1.00	161	4.8012	.43040	.03392
		2.00	203	3.3202	.81504	.05720
b05	品牌商標容易辨認	1.00	161	4.8323	.37477	.02954
		2.00	203	3.2315	.84466	.05928
b06	品牌功能設計上有獨到	1.00	161	4.4099	.70242	.05536
		2.00	203	2.9655	.61644	.04327
b07	品牌具有獨特的風格	1.00	161	4.5466	.61187	.04822
		2.00	203	2.9458	.70502	.04948
b08	品牌不容易指認	1.00	161	4.8447	.42660	.03362
		2.00	203	3.4828	.91384	.06414

此表格為高低兩組的描述統計量，其包括組別、個數、平均數、標準差和平均數的標準誤。

2. 獨立樣本檢定結果

獨立樣本檢定

		變異數相等的 Levene 檢定		平均數相等的 t 檢定						
		F 檢定	顯著性	t	自由度	顯著性 (雙尾)	平均差異	標準誤差異	差異的 95% 信賴區間	
									下界	上界
b01	假設變異數相等	.051	.821	19.266	362	.000	1.56607	.08129	1.40622	1.72593
	不假設變異數相等			19.718	361.693	.000	1.56607	.07942	1.40988	1.72227
b02	假設變異數相等	53.937	.000	20.207	362	.000	1.41422	.06999	1.27659	1.55185
	不假設變異數相等			21.491	326.484	.000	1.41422	.06580	1.28477	1.54368
b03	假設變異數相等	125.488	.000	21.098	362	.000	1.42879	.06772	1.29561	1.56196
	不假設變異數相等			22.947	277.429	.000	1.42879	.06227	1.30621	1.55136
b04	假設變異數相等	61.793	.000	20.861	362	.000	1.48105	.07100	1.34143	1.62066
	不假設變異數相等			22.269	319.203	.000	1.48105	.06651	1.35020	1.61189
b05	假設變異數相等	73.563	.000	22.360	362	.000	1.60077	.07159	1.45998	1.74156
	不假設變異數相等			24.168	292.010	.000	1.60077	.06623	1.47041	1.73113
b06	假設變異數相等	40.114	.000	20.869	362	.000	1.44442	.06921	1.30831	1.58053
	不假設變異數相等			20.558	320.454	.000	1.44442	.07026	1.30619	1.58265
b07	假設變異數相等	7.059	.008	22.794	362	.000	1.60077	.07023	1.46267	1.73888
	不假設變異數相等			23.168	359.038	.000	1.60077	.06909	1.46489	1.73665
b08	假設變異數相等	106.986	.000	17.459	362	.000	1.36196	.07801	1.20855	1.51537
	不假設變異數相等			18.807	299.693	.000	1.36196	.07242	1.21945	1.50447

此表格為 t 檢定之結果，報表中每一變項 t 考驗所得的 t 值，即為決斷值，表中的 t 值皆為正號，因為計算 t 值時，是將高分組平均數減低分組平均數，若研究者將低分組平均數減高分組平均數，則 t 值會全部變成負號，但不影響結果正確性，研究者需要的只是決斷值之絕對值。

查閱報表時，首先檢閱每一題項組別群體變異數相等的 F 檢定（Levene 檢定），若 F 值為顯著（p 值：顯著性 < .05），表示異質，也就是兩個組別群體變異數不相等，再向右檢閱「不假設變異數相等」列之 t 值，如果 t 值檢定也顯著(p< .05)，則此題目具鑑別度。

若 F 值不顯著（p 值：顯著性 > .05），表示兩組別之群體變異數相等，則向右查「假設變異數相等」列之 t 值，如果 t 檢定顯著(p < .05)，則此題目依然具鑑別度。

但若 t 值不顯著，p > .05，則此項題目不具鑑別度。t 值顯著性的判別，除了判別兩組平均數差異檢之 t 值是否顯著外，還可判別差異值 95%的信賴區間，報表中最後一欄「差異的 95%的信賴區間」，如果 95%的信賴區間沒有包含在 0 的範圍內，表示兩組差異顯著，若有包含在 0 的範圍內，表示兩組平均數有可能相等，則兩組差異不顯著。

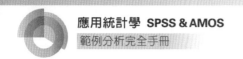
獨立樣本 t 檢定的檢視流程：

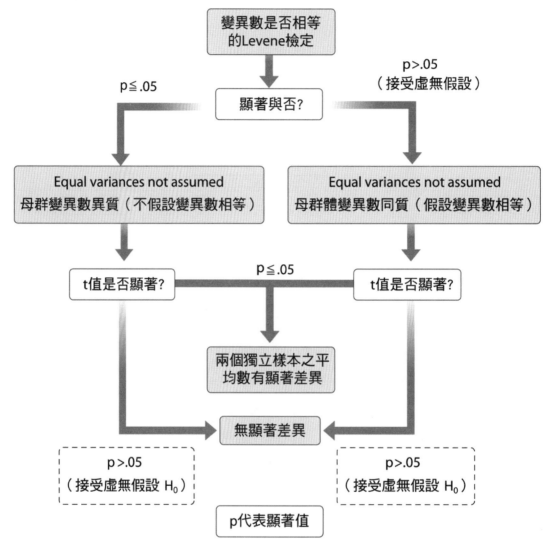

H$_0$（虛無假設）：兩個獨立樣本平均數無顯著差異

H$_1$（對立假設）：兩個獨立樣本平均數有顯著差異

| 報 | 表 | 分 | 析 | Applied Statistics |

題項	題目	決斷值	備註
b01	當我購買運動商品時，我容易聯想到 Adidas 這個品牌。	19.266***	O
b02	我認為 Adidas 是讓人印象深刻、熟悉的運動商品品牌。	21.491***	O
b03	我認為 Adidas 在運動商品中，是有很高知名度的品牌。	22.947***	O
b04	我認為 Adidas 在運動商品的品牌中，具有代表性地位。	22.269***	O
b05	我覺得 Adidas 的商標設計別緻，消費者非常容易辨認。	24.168***	O
b06	我覺得 Adidas 在運動商品的功能設計上有獨到之處。	20.558***	O
b07	我覺得在眾多品牌商品之中，Adidas 具有獨特的風格。	23.168***	O
b08	在眾多品牌商品之中，我可以指認出 Adidas 這個品牌。	18.807***	O

***：表 $p < .001$

O：表題項具鑑別度應保留

　　由以上項目分析之決斷值判斷，所有題目皆具鑑別度應保留，無須刪除之題目。將挑選出的題目或具鑑別度的題目，進一步進行因素分析，以考驗量表之建構效度，在後面章節會做說明。

　　若一份研究問卷，有多個變數，每個變數有若干題項，進行項目分析時，原則上，應就個別變數進行項目分析為宜。

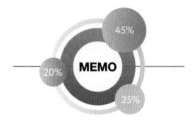

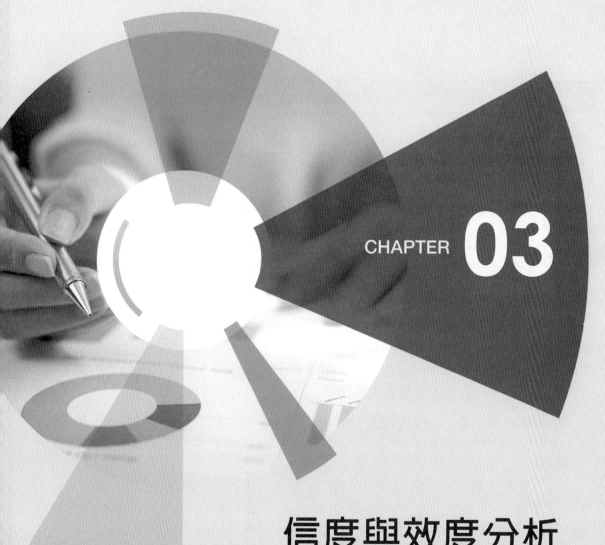

CHAPTER 03

信度與效度分析

3-1 信度分析

當研究者編製或使用一項測驗時，最關心此測驗的兩項指標，一是信度(reliability)，二是效度(validity)。

3-1-1 信度分析基本概述

信度是指測驗的特性或測量結果的可靠性，並非指測驗量表或測量工具本身，而是測驗結果的一致性(consistency)或穩定性(stability)。所以，「信度分析適用於測驗分數而非測驗本身」。

信度並非全部都有或全部都沒有，而是一種程度的概念。信度高低與其誤差有關，任何一項測驗都有誤差，只是多少的問題，誤差主要由機率因素所支配，但也可能受到非機率因素影響。誤差越小，信度越高；誤差越大，信度越低。所以，信度也是測驗結果受測驗誤差影響的程度。

由數學原理來看，信度係數是一個介於 0 到+1 之間的分數，數值越大，信度越高，我們可依下列關係來看：

觀察分數＝真分數＋誤差分數

測驗的主要目的，就是利用一套計量尺度去反映每個人在這個特質上的水準或強度，如果測驗真的可以測出人類「真實」的特質強度，反映在測驗得分上，稱為真分數(true scores)。但人不是神，通常會包含一些誤差成份。

簡單來說，信度就是一項測驗結果的可靠度程度，即此測驗須重複施測或使用複本施測，均產生類似的結果。如果測驗結果越穩定，表示此測驗結果越可靠。

3-1-2 信度的估計方法

下最常用的信度估計方法有：

1. 重測信度(test-retest reliability)

重測信度也稱再測信度，是指同一測驗，在不同時間對同一群受測者前後施測兩次，求取兩次測驗分數之相關係數作為信度的指標。一項無誤差測驗，前後兩次應得分相同，相關係數應為 1.00，由於時間會產生受測者心理特質或學習經驗累積的不同，使受測者在前後兩次測量得分應會不同，造成測量誤差，那麼相關係數便

不會是 1.00。信度係數反映測量分數的穩定程度，又稱穩定係數(coefficient of stability)，重測信度越高，代表測驗分數越穩定，越不會因時間而改變。

前後兩次施測應注意時間的長短，時間過短會造成假性相關現象，時間過長會使信度（穩定係數）降低，適切的時間長短應隨測驗目的和內容性質而異。

2. 複本信度(alternate-form reliability)

複本信度是反映測驗分數的內部一致性或穩定性。是對同一群受測者以兩份等值但不相同的題目做測量，取得兩份測驗分數之相關係數。此信度係數又稱等值係數，為考驗兩份等值測驗的差異情形。

兩份測驗需同時間施測，以免時間不同而造成誤差混淆時間取樣與內容取樣；測驗內容、題目類型、測驗範圍、長度需保持一致性，但題目不能完全相同。

3. 折半信度(split-half reliability)

折半信度與複本信度相似，在兩複本間的相關來表示測驗的信度，但不同的是，折半信度的兩複本其實是來自於同一項測驗。當一份測驗沒有複本可提供，且只能施測一次的情況下，即可採用折半法求取信度。將同一套測驗依題目的單雙數或其他方法分成兩份，根據受測者在兩份測驗的分數求取相關係數以得到折半信度。

在一般情況下，題數越多，信度越高，而折半信度因題數折半，相關係數也隨之降低，造成信度低估，所以折半信度通常必須進行校正，常用的校正方法有Spearman-Brown 校正公式、Rulon 校正公式及 Flanagan 校正公式等，其中 Rulon 校正公式和 Flanagan 校正公式的算得值會相同，這些公式可估計一份完整測驗之信度。

4. 內部一致性信度(coefficient of internal consistency)

普遍被用來計算內部一致性信度的方法有「庫李信度(Kuder-Richardson reliability)」與「Cronbach α 係數」兩種，由於計算測驗信度時，直接計算測驗題目內部間的一致性，以作為測驗的信度指標，稱為內部一致性信度。

(1) 庫李信度(Kuder-Richardson reliability)

是由 Kuder & Richardson(1937)所提出，其適用於二分題目的信度估計方法，也就是非對即錯（是非題或選擇題，有一個標準答案，沒有模擬兩可的中間地帶）。其原理是將 k 個題目通過百分比(p)與不通過百分比(q)相乘加總後除以總變異量(s^2)：

$$\Gamma_{KR20} = \frac{k}{k-1}[1 - \frac{\sum pq}{s^2}]$$

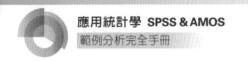
k： 為測驗題數

p： 測驗題答對的比率

q： 測驗題答錯的比率

s^2： 整個測驗的變異數

　　各題的 p 值與 q 值，表示題目難度不同。如果研究者不重視題目難易度，假設每項題目難易度皆相同，而將試題難度設定為常數（通常以平均難度取代），便可用 KR21 公式來推算，比較簡易。

$$\Gamma_{KR21} = \frac{k}{k-1}[1 - \frac{m(k-m)}{ks^2}]$$

k： 為測驗題數

s^2： 整個測驗的變異數

m： 測驗平均數

　　但對於多重選擇或人格測驗則無法求其信度係數，此時必須改用 Cronbach α 信度係數計算測驗的信度，但其實他們所求信度係數是相同的。

(2) Cronbach α 信度係數

　　Cronbach(1951)將 KR20 做了一些修改，α 係數。社會科學常用的李克特五等量表，則常使用這個公式：

Cronbach's　　$\alpha = \frac{k}{k-1}\left[1 - \frac{\sum s_i^2}{s^2}\right]$

s_i^2： 表示研究變數中各題目之變異數

s^2：研究變數所有題項加總（總分）的變異數

k：為測驗題數

　　其採用的原理與庫李信度相似，只是對各題目變異數的求法不同。因此 α 係數可用在二分或其他各種類型的測量尺度上。

以下為 10 份問卷，計算 Cronbach α 信度係數

編號	a1	a2	a3	a4	a5	總分
1	5	5	5	5	5	25
2	5	5	5	5	5	25
3	5	5	5	5	5	25
4	4	4	5	4	5	22
5	4	4	4	4	5	21
6	3	5	3	5	5	21
7	3	4	4	3	5	19
8	5	5	5	5	5	25
9	4	4	4	4	4	20
10	5	5	3	3	5	21
變異數	0.678	0.267	0.678	0.678	0.100	5.600

$$\alpha = \frac{5}{5-1}\left[1 - \frac{(0.678 + 0.267 + 0.678 + 0.678 + 0.1)}{5.6}\right] = 0.714$$

5. Hoyt 信度(Hoyt reliability)

其信度是使用重複量數變異數分析的原理來解釋測驗的信度，在性質上也屬於一致性係數。Hoyt 信度假設測驗題目都是測量同一個行為層面，則受測者在所有題目上的表現應該會趨於一致。

Hoyt 信度係數可用下列公式推算：

$$r_H = 1 - (MSa / MSs)$$

MSa：受測者在某個測驗表現的變異均方值

MSs：n 個樣本因個別差異所造成變異的均方值

6. 評分者信度(inter-rater reliability)

若計分方式改用人為而非電腦計分的客觀式測驗，不同的評量者所給予的計分不同，而分數誤差變異的來源為評分者間的差異，評分者信度反映的是不同的評分者在測驗過程中進行觀察、紀錄、評分等各方面的一致性。每一測驗題目均由一位評分者分別評閱兩次，或由兩位以上的評分者來評分，再計算評分者評分一致的程度，即為評分者信度係數。相關係數越高，信度越高；若評分方式不是分數評分，

而是用等第（順序尺度）評分，應以 Spearman 相關係數或 Kendall 和諧係數求得；若評分者為三人以上，且給的方式是等第（或評分方式為分數，必須轉換為等第），也可用 Kendall 和諧係數求得。

3-1-3　執行信度分析程序

[◉ 資料檔：範例 3-1]

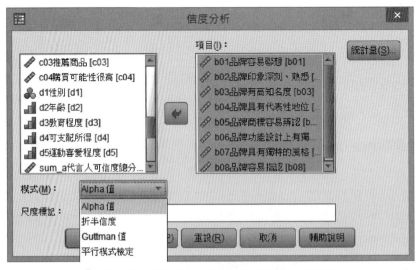

◉ 圖 3-1　執行信度分析

點選分析項下尺度(A)中的「信度分析(R)」會出現信度分析對話方塊。

◉ 圖 3-2　將 b01~b08 移至信度分析項目

選取左邊將分析之題項移置右邊的項目(I)方格中，然後點選左下方模式(M)中的「Alpha 值」，按下右下方之統計量(S)鍵，會出現信度分析：統計量之次對話方塊。

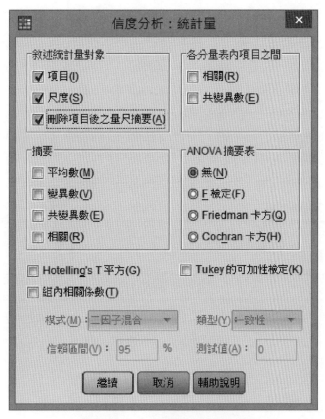

🅒 圖 3-3　勾選敘述統計量

選取左邊敘述統計對象中的項目(I)、尺度(S)、刪除項目後之量尺摘要(A)，按下繼續鍵，會回到原對話方塊，再按下確定鍵便完成信度分析。

3-1-4　信度分析報表解析

1. 品牌知名度信度分析(b01~b08)

可靠性統計量	
Cronbach's Alpha 值	項目的個數
.908	.8

2. 項目統計量

項目統計量

	平均數	標準離差	個數
b01品牌容易聯想	3.6995	.90826	639
b02品牌印象深刻、熟悉	4.0125	.78175	639
b03品牌有高知名度	4.1393	.78245	639
b04品牌具有代表性地位	3.9906	.81324	639
b05品牌商標容易辨認	3.9890	.86096	639
b06品牌功能設計上有獨到	3.6463	.82103	639
b07品牌具有獨特的風格	3.6823	.86603	639
b08品牌容易指認	4.1659	.84209	639

3. 項目總和統計量

項目整體統計量

題項	題目	項目刪除時的尺度平均數	項目刪除時的尺度變異數	修正的項目總相關	項目刪除時的 Cronbach's Alpha 值
b01	品牌容易聯想	27.6260	20.752	.674	.899
b02	品牌印象深刻、熟悉	27.3130	21.084	.760	.891
b03	品牌有高知名度	27.1862	20.929	.784	.890
b04	品牌具有代表性地位	27.3349	20.969	.742	.893
b05	品牌商標容易辨認	27.3365	20.728	.725	.894
b06	品牌功能設計上有獨到	27.6792	21.494	.655	.900
b07	品牌具有獨特的風格	27.6432	20.957	.687	.898
b08	品牌容易指認	27.1596	21.595	.620	.903

DeVellis(1991)對 Cronbach's α 值提出以下觀點：當 α 係數介於 0.65 至 0.70 間尚可；α 係數介於 0.70 至 0.80 之間則具有高信度；α 係數大於 0.80 時，則信度最佳。以此為例，.908 > .80，故屬最佳信度。若 Cronbach's α 值 < .65，代表量表信度不佳。

(DeVellis R. F., Scale Development: Theory and Applications, *Applied Social Research Methods Series,* 26, Newbury Park, California: Sage Publications, 1991)

4. 信度分析注意事項

Cronbach's α 值是檢測同一構面的一致性，所以不宜將不同構面之題項同時納入信度分析，應就不同構面分別做信度分析。

範例 3-1 信度係數為.908，而在最後一欄「項目刪除時的 Cronbach's α 值」，如果刪除 b01，剩下 7 題的總係數變成.899，小於原本未刪除時的 Cronbach's α 值.908，表示此題不適合刪除。

在研究實務上，若信度不佳（Cronbach's α 值 < .65），可以嘗試利用「項目刪除時的 Cronbach's α 值」的數據，若顯示刪除部分題項，可以提升信度大於 0.65，則可採用此法。若量表信度已經非常好，則不必再刪題。

3-2 效度分析

3-2-1 效度分析基本概述

效度是指一份測驗能正確測量到所要測量之特質程度，也就是測驗的可靠性與有效性。若測驗效度越高，表示測驗的結果越能凸顯其想測驗的內容與此份測驗真正的特徵。研究的效度包括內在效度(internal validity)與外在效度(external validity)，內在效度為研究敘述的真實性與正確性，而外在效度為研究推論的正確性。

效度性質：

1. 效度是指「測驗結果」之正確性或可靠性，而非指工具本身。

2. 效度並非全有或全無，只是程度上的差別。

3. 效度是針對某一特殊功能或用途而言，不可以普遍性的角度來衡量。一份具有高效度的測驗若施測於不同的受測者，可能會有失結果的正確性。

4. 效度並無法實際測量，只能從現有資料作邏輯推論。

根據美國心理學會出版的「教育與心理測驗的標準(Standards for Educational and Psychological Testing)」一書中，將效度分為下列三種：

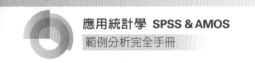

1. 內容效度(content validity)

　　內容效度為反映測驗或量表內容與取樣之代表性與適切性，即受測者的心理特質能否達到測驗目的或行為構念。內容效度的評估通常透過雙目表檢測，是屬於一種事前系統的邏輯方法分析或測驗合理性的判斷，因此內容效度又稱「邏輯效度」(logic validity)。效度的應用需視為必要條件，非充分條件。

2. 效標關聯效度(criterion-related validity)

　　效標關聯度是指測驗與外在效標間之相關程度，如果測驗與外在效標相關度越高，表示該測驗具有很高的效標關連度。所以選擇外在校標很重要，必須能夠做為反應測量分數內涵與特質的獨立測量，並確定效標本身具有良好的信度與效度，常被當作的外在效標工具的，如：學業成就、態度量表、智力測驗等。由於效標關聯效度通常是求實際測驗分數與效標間的關係，屬實證之統計分析，所以又稱為實證效度(empirical validity)或統計效度(statistical validity)。

　　效標關聯效度依據使用時間之間隔長短及測量目的分為：
(1) 預測效度(predictive validity)

　　　　為測驗分數與未來效標間的關係程度，因此兩份測驗間需相隔較長的時間來實施，稱為預測效度。
(2) 同時效度(concurrent validity)

　　　　指測驗分數與目前效標間的關係程度，因此兩份測驗需同時間施測，故稱為同時效度。

3. 建構效度(construct validity)

　　為一項測驗可以測出理論的概念或特質的程度，也就是實際測出的分數能否說明理論假設內涵的多少。建構效度就是「測驗能夠測量到理論上之建構心理特質之程度」。建構效度是由理論的邏輯分析為基礎，同時又根據實際資料檢驗理論的正確性，因此為一種最嚴謹的效度考驗方法。

　　常用的建構效度有：收斂效度(convergent validity)和區別效度(discriminate validity)兩種（如何操作，詳見本書第七章）。
(1) 收斂效度(convergent validity)：用兩種不同衡量方式去衡量同一構面時，其相關程度很高，代表具有收斂效度。另外，若同一構面所屬題項，有很高的因素負荷量，代表這些題項有很好的收斂效度。
(2) 區別效度(discriminate validity)：區別效度是將不同之兩個構面進行測量，若經測量結果進行相關分析，其相關程度很低，代表兩個研究之概念測量之構面具有區別效度。

建構效度的考驗步驟：

(1) 根據前人研究結果、文獻探討、實務經驗建立假設性理論建構。

(2) 根據建構的假設性理論編製一份合適的測驗，並對適當的受測者施測。

(3) 用邏輯或實證方法來檢驗此份測驗是否有效說明其所想建構的某一心理特質。

最常使用的檢驗方法為因素分析，詳述於第六章。內容效度與效標關聯效度皆是根據實際資料來說明測驗結果的可靠性，內容效度是以題目的分布來判斷，屬命題的邏輯分析；效標關聯效度為實際測驗分數來判斷，屬實證的統計分析。而建構效度可避免內容效度有邏輯分析，卻無實證依據，且可避免實證資料的缺失。

3-2-2　影響效度之因素

1. 測驗過程

測量的過程也會對測驗分數的波動產生影響，此外，不良的測驗程序更有可能使測驗失去效度，例如：不當的控制測驗情境，引導受測者作答方向，所以測驗程序應遵照標準化實施。

2. 樣本特質

樣本與效度之評估有著密不可分的關係。樣本如果是同性質，其測量分數變異數較低，對信度估計不至於影響內部一致性等指標的估計，但樣本與效標的關係可能會因為測量變異量不足而低估效度。

效度的評估與樣本的代表性也有關，效度評估所選取的樣本應該代表其測驗所想適用的全體對象，例如對學生有意義的測量，對其他非學生的受測者不一定有相同的意義。

3. 效標因素

實證效度的優先條件是測量效標的適切性，不當選取效標會喪失效度，使效度無法顯現或被低估。效標本身的信度與測驗本身的信度都與效度係數有關，因此建議效標本身應具信度與效度。

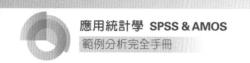

3-3 信度與效度之關係

　　信度與效度是測驗與評量的重要指標，從定義來說，信度代表測量的穩定性與可靠性，而效度代表測量分數的意義、價值與應用性，也就是其內涵，所以一般研究者會將信度列為優先條件，再以效度作為測驗品質的充分要件。

　　信度與效度的概念與內容上有顯著的不同，但實務上很難分割。一個沒有信度的測驗，一定無法達成測驗的目的，也無法提供有意義的數據，所以效度評估前必定有信度為基礎，但有信度的測驗不一定具有效度。總而言之，效度評估受到眾多因素影響，比信度的影響層面深遠。

CHAPTER 04

敘述統計與 t 檢定

敘述性統計的基本概念

　　敘述性統計(descriptive statistics)為資料的簡化，提供一份資料的精華部分，像一份簡易的財務報表，提供投資人簡明扼要又絕對必要的財務資訊。敘述性統計為一組描述、統整、說明資料的系統方法與統計技術，其主要任務是如何說清楚、講明白以統計量數來描述龐大資料。敘述性統計的優點在於短時間對研究資料以統計量、圖形或表格來清楚簡單的方式來呈現研究結果。

　　研究者將樣本所蒐集到的資料加以計算分析推導出的統計數據，為統計數(statistic)，用來了解某個團體或是個別觀察值在各項變項資料的分數集中或分散情形。描述觀察值集中情形為集中量數(measures of central location)，為一組數據建立能描述其共同落點的最佳指標；描述觀察值分散狀況為變異量數(measures of variation)，為描述數據分布廣度的指標。

敘述性統計的類型

　　敘述性統計的類型包括以表格、圖型、集中趨勢的測量、分散度的測量和關聯的測量，其中集中趨勢和分散度的測量是使用數學公式計算未經統整過的資料，所以此兩種測量是利用數字來表達（描述）資料的特徵。而表格方式是用表格描述變項數值所含括的範圍與分布。

類型	功能
表格	提供變數出現次數的分布
圖形	提供變數分布視覺上的展現
集中趨勢的測量	計算整個分布的平均分數
分散度的測量	計算整個分散或變異的程度
關聯的測量	指出兩個或以上變數間關係的存在性、方向性、和強度性

集中量數與變異量數

　　描述統計中，最常用來描述或解釋觀察值上變項的性質為集中量數與變異量數。

1. 集中量數(measure of central location)

為描述觀察值在變項上分數集中情形的統計量。最常使用的集中量數有平均數、中位數、眾數,而這三項量數也可看出名義、順序、等距等這三種不同測量尺度的特性。

(1) 平均數(mean)

是將某一變項上的所有數值加總除以觀察值得各數所得出的值。也有人稱為算術平均數(arithmetic mean)。而一堆未經處理的資料,其母體平均數(μ)和樣本平均數($\overline{X}$)的公式如下:

$$\mu = \frac{\sum X}{N} \qquad \overline{X} = \frac{\sum X}{n}$$

N:為母體中所有項目的次數

n:為樣本中所有項目的次數

X:為觀察值

Σ:表示進行加法運算

ΣX:是所有 X 值的總和

平均數的特性:

① 小樣本,易受極端質影響。

② 不同的數列,若平均數一樣,無法呈現數列的分散情形,變異數則可以呈現數列分散的情形。

數列	平均數	變異數	分散程度
7　6　3　3　1	4	6.0	大
3　4　4　5　4	4	0.5	中
4　4　4　4　4	4	0	小

(2) 中位數(median)

將變項的所有數據依大到小或小到大排列,取最中間的數據,或能均勻將數據二分的中間值,也就是一半數值(機率 50%)大於中位數,一半數值(機率 50%)小於中位數。例如:一組資料由小到大

23、37、42、48、56、66、72、79、85、93

$$中位數 = \frac{56+66}{2} = 61$$

中位數是反映全部樣本的中心點,數據單位不一定要相同,只要能依大到小或小到大排序即可,因此,中位數又稱百分等級為 50 百分位數(P_{50})或第二四分位數(Q_2 : second quartile)。

(3) 眾數為一組數據中,出現次數最頻繁的一個數值,而且一個分布中,可以不只一個眾數,例如:一組數據。

25、56、53、85、39、56、49、50、56、49、77、30、49

其中 56 和 49 出現次數最多次(一樣是三次),所以此組數據之眾數為 56 和 49,但一組數據中只可以有一個平均數和一個中位數。眾數為次數分配最高點所對應的分數。

SPSS 可執行以上指令,將滑鼠移至分析項下的敘述統計(E),點選右邊的次數分配表(F)。[◎ 資料檔:範例 4-1]

🍀 圖 4-1　SPSS 執行敘述統計指令

點選次數分配表(F)，會出現次數的對話方塊，選取變數，移至右邊變數(V)空白方格中，在左下角將顯示次數分配表(D)的小方塊中打勾，再按下統計量(S)鍵。

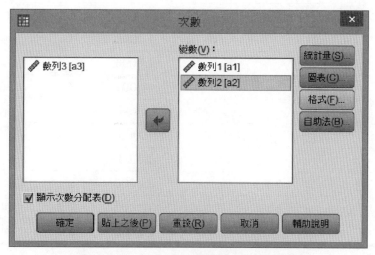

🍃 圖 4-2　描述性統計量之對話方塊

於次數分配表選項之次對話方塊，勾選想得知的項目，按下繼續鍵，再按下確定鍵。

🍃 圖 4-3　次數分配表：選項之次對話方塊

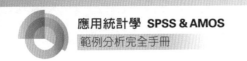

其結果為下：

統計量				
個數	有效的		5	5
	遺漏值		0	0
平均數			4.0000	4.0000
中位數			3.0000	4.0000
眾數			3.00	4.00
標準差			2.44949	.70711
變異數			6.000	.500
總和			20.00	20.00
百分位數		25	2.0000	3.5000
		50	3.0000	4.0000
		75	6.5000	4.5000

2. 變異量數(measures of variation)或是離散量數

是描述一群觀察值在變項上分數分散的情形，較常使用全距、平均差、變異數、標準差和四分差。

(1) 全距(range)

為一組數據中之最高數值與最低數值的差距，為變異量數最粗糙的測量，易計算卻不精確。

(2) 平均差(mean deviation)

平均差為離均差(deviation score)所求出的值。而離均差為一組數據中，每個觀察值與平均數的距離，當離均差為正值，表示分數落在平均數右方；若為負值時，則落在平均數左方。離均差正值、負值，左右加總後，離均差會等於 0，所以它無法當作整體數據的變異指標，所以取離均差的絕對值，然後加總，除以觀察值個數，求出的數值便是平均差。平均差之公式：

$$MD = \frac{\sum |X - \mu|}{N}$$

(3) 變異數與標準差(variance and standard deviation)

　　由於平均差是利用絕對值，使數值為正號，但對極端的數值測量不敏感，因此，大多數會取平方來除去負值的影響，得到離均差平方和(sum of squares)，為 $SS = \sum (X-\mu)^2$。將 SS 除以樣本個數，即得平均離均差之平方和，也就是變異數，通常用 σ^2 或 MS(mean square)表示：

$$\text{Variance} = \sigma^2 = \frac{ss}{N} = \frac{\sum (X-\mu)^2}{N}$$

$$\text{樣本變異數} = s^2 = \frac{\sum (X-\mu)^2}{N-1}$$

　　而變異數開方後便是標準差，用 σ 表示。以精密度測量而言，標準差越小越好；而社會科學研究而言，變異數越大越好，方能找出研究構面的差異性。應用標準差可將原始量變成標準量數，可以使原來單位不同的量數直接比較，可以相加、相減或平均。

以下為 10 筆資料，計算樣本變異數[◎ 資料檔：範例 4-2]。

編號	X	$X-\mu$	$(X-\mu)^2$
1	5	0.70	.49
2	5	0.70	.49
3	5	0.70	.49
4	4	−0.30	.09
5	4	−0.30	.09
6	3	−1.30	1.69
7	3	−1.30	1.69
8	5	0.70	.49
9	4	−0.30	.09
10	5	0.70	.49
	$\mu = 4.3$		總和 6.10

樣本變異數$=s^2=6.10/9=0.678$

　　樣本變異數為 $SS = \sum (X-\mu)^2$ 除以 N-1 的原因是，如此會使得標準差大於實質的標準差，也就是高估母體的標準差，這是社會科學的保守估計質。

(4) 四分差（interquartile range；簡稱 IQR）

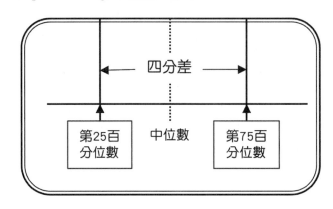

先將一組數據從小至大或大至小排序，以樣本個數平均分四段，每一段佔全部樣本的 25%，會有三個分段點，前 25% 為第一四分位數(Q_1)，中間 50% 為第二四分位數(Q_2)，75% 分段點，也就是後 25% 為第三四分位數(Q_3)，而四分差便是第三四分位與第一四分位差距的一半。四分差越大，表示數據分散情形越大。

四分差之公式：

$$IQR = \frac{Q_3 - Q_1}{2}$$

SPSS 可執行以上指令，將滑鼠移至分析項下的敘述統計(E)，點選右邊的描述性統計量(D)。[◎ 資料檔：範例 4-2]

ⓒ 圖 4-4　描述性統計量

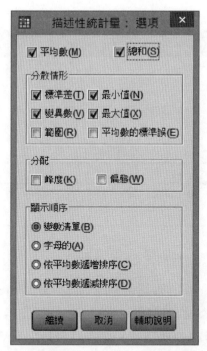

Ⓒ 圖 4-5　描述性統計量：選項之次對話方塊

[📀 資料檔:範例 4-2]

敘述性統計報表

敘述統計

	個數	最小值	最大值	總和	平均數	標準差	變異數
數列1	10	3.00	5.00	43.00	4.3000	.82327	.678
有效的 N (完全排除)	10						

次數分配表於檢視 SPSS 資料之應用:

當問卷回收後,依第一章的編碼原則,編製 SPSS 資料檔時,為確認是否有輸入錯誤,可利用次數分配表檢視 SPSS 資料是否正確,若為五等量表之問卷,其次數分配之最大值應為 5,最小值應為 1,若檢視資料出現大於 5 或小於 1 之資料,表示其編碼過程有誤值,並可由報表中得知哪一題項有誤值,在加以修正,避免統計過程產生偏誤。

測量層級	變異量數		
	全距	四分差	標準差與變異數
優點	不受極端值外的個別分數影響,計算簡單,適用於所有測量尺度	對極端值不敏感,但能表現順序尺度的變異情形	測量最為精密,考慮到每一個樣本,具有代表性
缺點	測量過於粗糙,無法考慮到每一個樣本	無法反映所有樣本之變異狀況	容易受偏離極端值的影響

集中量數與變異數量中,分別以平均數、標準差或變異數的相對有效性最高。

4-3　單一樣本 t 檢定

　　其實 z 分配與 t 分配非常相似，但是當母體標準差是未知數時（或小樣本時），不能計算 z 值，而須使用 t 檢定來進行考驗。可採用下列公式來計算 t 值：

$$t = \frac{\bar{x} - \mu}{s / \sqrt{n}}$$

　　因 t 分配會隨著自由度的改變而跟著變動，當 n > 30 時，t 分配與 z 分配其實是很相近的，而且 t 檢定也包括 z 檢定的應用，在實務上，分析資料時，通常會以 t 檢定來進行單樣本的平均數考驗或是平均數的差異檢定。

　　以下為 10 筆資料[◎資料檔：範例 4-2]，計算單一樣本 t 檢定（檢定值=3.5）。

編號	X	$X - \mu$	$(X - \mu)^2$
1	5	0.70	.49
2	5	0.70	.49
3	5	0.70	.49
4	4	− 0.30	.09
5	4	− 0.30	.09
6	3	− 1.30	1.69
7	3	− 1.30	1.69
8	5	0.70	.49
9	4	− 0.30	.09
10	5	0.70	.49
	$\mu = 4.3$		總和 6.10

樣本變異數 $= s^2 = 6.10/9 = 0.678$　　標準差 $= s = 0.823$

$$t = \frac{4.3 - 3.5}{0.823 / \sqrt{10}} = 3.073$$

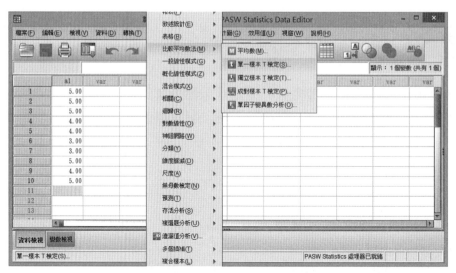

🕭 圖 4-6　單一樣本 t 檢定

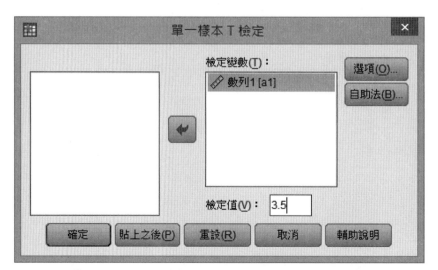

🕭 圖 4-7　單一樣本 t 檢定：選項之次對話方塊

單一樣本檢定報表：

單一樣本檢定

	檢定值＝3.5					
	t	自由度	顯著性（雙尾）	平均差異	差異的 95%信賴區間	
					下界	上界
數列 1	3.073	9	.013	.80000	.2111	1.3889

單一樣本 t 檢定通常是檢定一群組樣本的平均數是否大於、等於或小於某一個特定的值,母體必須符合常態分配的基本假設。

例如研究人員想知道受測者對 Adidas 品牌認知(平均數)是否大於 3.5

H_0: $\mu \leqq 3.5$

H_1: $\mu > 3.5$

假設是一個關於母體母數的陳述,之後則使用資料與計算機率驗證這個陳述是否合理。**假設檢定**(hypothesis testing)基於樣本證據與機率理論來判斷假設是否為一個合理敘述的過程。

1. 虛無假設 (null hypothesis)

虛無假設是暫時性的假設,以 H_0 表示。

2. 對立假設 (alternate hypothesis)

當樣本資料提供足夠證明虛無假設不為真時,接受的對立敘述就是對立假設,以 H_1 表示。一般而言研究假設即為對立假設。(檢定者認為是對的或想要確認的,應放在對立假設)。

顯著水準:若 H_0 為真,拒絕 H_0 所要承擔的風險水準。

顯著水準 0.05:有 5%的可能性(或誤差),在 H_0 為真的情況下,卻拒絕了 H_0。

單尾檢定:

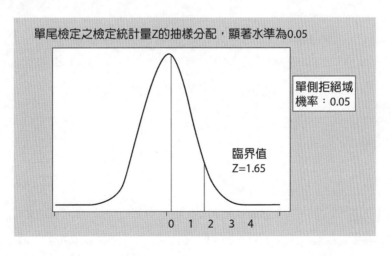

Ex1:H_1:專職員工的年終獎金超過$35,000。($\mu > \$35,000$)

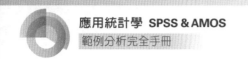
雙尾檢定：

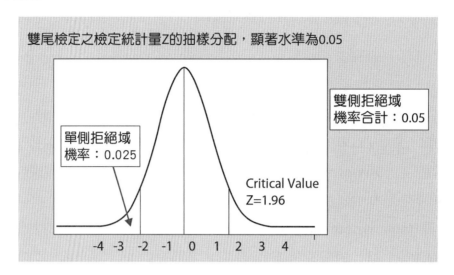

如果對立假設未指出一個方向時，我們使用雙尾檢定。

  Ex1:H_1：便利超商每位顧客的平均消費金額不等於 25 元。($\mu \neq \$25$)

  Ex2:H_1：每加侖汽車售價不等於 1.54 元。($\mu \neq \$1.54$)

  開啟範例 4-3，將滑鼠移至分析(A)項下的比較平均數法(M)，向右點選第二選項，單一樣本 t 檢定(S)。

[◉ 資料檔：範例 4-3]

                C 圖 4-8 執行單一樣本 t 檢定

　　出現單一樣本 t 檢定之對話方塊，將品牌認知移至右邊檢定變數(T)的空白方格中，在檢定值(V)的空白方格中輸入 3.5（研究人員想知道受測者對 Adidas 品牌認知（平均數）是否大於 3.5）。

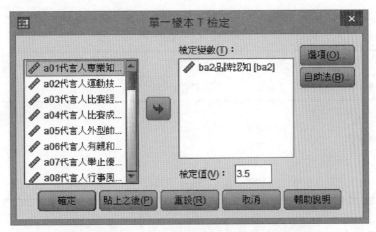

🌀 圖 4-9　單一樣本 t 檢定之對話方塊

| 報 | 表 | 分 | 析 Applied Statistics

1. 單一樣本統計量

單一樣本統計量

	個數	平均數	標準差	平均數的標準誤
ba2 品牌認知	639	3.8709	.68940	.02727

2. 單一樣本 t 檢定

單一樣本檢定

	檢定值＝3.5					
	t	自由度	顯著性（雙尾）	平均差異	差異的 95% 信賴區間	
					下界	上界
ba2 品牌認知	13.600	638	.000	.37089	.3173	.4244

分析說明：若平均數大於 3.5，且單一樣本 t 檢定（檢定 3.5），顯著性小於 0.05，達到顯著水準。

研究假設：受測者對 Adidas 品牌認知(平均數)大於 3.5 成立。

4-3-1 獨立樣本 t 檢定

兩個獨立之樣本,探求兩樣本間是否有差異存在。

$$t = \frac{\overline{X}_1 - \overline{X}_2}{\sqrt{\left[\dfrac{(n_1-1)s_1^2 + (n_2-1)s_2^2}{n_1+n_2-2}\right]\left[\dfrac{n_1+n_2}{n_1 n_2}\right]}}$$

以下為男、女生各 10 筆資料,計算獨立樣本 t 檢定

編號 n	男生 X_1	女生 X_2
1	5	5
2	5	3
3	5	5
4	4	4
5	4	4
6	4	2
7	3	4
8	5	5
9	3	3
10	5	5
	$\overline{X}_1 = 4.3$	$\overline{X}_1 = 4.0$
	$S_1 = 0.823$	$S_2 = 1.054$

$$t = \frac{4.3 - 4.0}{\sqrt{\left[\dfrac{(10-1)\times 0.823^2 + (10-1)\times 1.054^2}{10+10-2}\right]\left[\dfrac{10+10}{10\times 10}\right]}} = 0.709$$

獨立樣本檢定

t	自由度	顯著性（雙尾）	平均差異	標準誤差異	差異的 95%信賴區間	
					下界	上界
.709	18	.487	.300	.423	−.589	1.189

統計顯著性：是指虛無假設為真，拒絕虛無假設所承擔的風險水準。以上例為例，虛無假設：男生與女生兩個全體之間，無顯著差異。虛無假設只能應用於母數，因此不能直接檢定。如果虛無假設為真，我們卻拒絕了虛無假設，此類型的錯誤，即為型 I 誤差，也就是顯著水準 α。

如果顯著水準是 0.05，代表有 5%的機率是在虛無假設為真的情況下，卻拒絕了虛無假設（並做出不同的群體間，有差異的結論）。社會科學的研究，一般先決定顯著水準 α，如此便可確定臨界值與拒絕域，若檢定統計量落入拒絕域，則拒絕虛無假設。p 值是代表樣本統計量右側的面積，若 p 值小於決策者所訂的顯著水準 α（檢定統計量落入拒絕域），則決策者應拒絕虛無假設。

以範例 4-3 為例

研究假設：不同性別，其對 Adidas 品牌認知有顯著差異。

將滑鼠移至 SPSS 視窗的分析(A)項目下之比較平均數法(M)，點選右邊第三個選項獨立樣本 t 檢定(T)。

🍎 圖 4-10　執行獨立樣本 t 檢定

　　點選獨立樣本 t 檢定(T)之後，會出現獨立樣本 t 檢定之對話方塊，將想檢定之
變數移至右邊檢定變數(T)之空白方格中，再將想探討之變項移至下方分組變數(G)
之空白方格中，點選下方之定義組別(D)鍵。

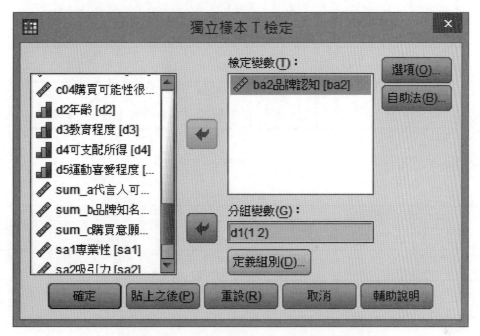

⒞ 圖 4-11　獨立樣本 t 檢定之對話方塊

| 報 | 表 | 分 | 析 |　　　　Applied Statistics

1. 組別統計量

組別統計量

d1性別		個數	平均數	標準差	平均數的標準誤
ba2品牌認知	男	329	3.8784	.72312	.03987
	女	310	3.8629	.65278	.03708

2. 獨立樣本 t 檢定

獨立樣本檢定

		變異數相等的 Levene 檢定		平均數相等的 t 檢定						
									差異的 95% 信賴區間	
		F 檢定	顯著性	t	自由度	顯著性 (雙尾)	平均差異	標準誤差異	下界	上界
ba2品牌認知	假設變異數相等	2.907	.089	.284	637	.776	.01552	.05461	-.09172	.12275
	不假設變異數相等			.285	635.843	.776	.01552	.05444	-.09139	.12242

　　組別統計量表中，男生有 329 人，女生有 310 人。組別統計量表中顯示品牌認知之平均數、標準差、平均數的標準誤。

　　獨立樣本檢定，品牌認知的 Levene 檢定之 F 值為 2.907，其顯著性為.089，大於.05，未達顯著，表示變異數相等，t 值＝0.284，p＝.776＜.05，未達顯著水準，代表男生與女生對品牌的認知無顯著差異，研究假設不成立。

4-3-2 相依樣本 t 檢定

為檢定兩組相依樣本間彼此是否有相關，包括重複量數和配對樣本。

[◎ 資料檔：範例 4-4]

為了 2012 奧運比賽，教練研究一種新的百米訓練方法，並測試 35 位比賽選手經新訓練方法後，是否提升比賽能力。

◎ 圖 4-12　執行成對樣本 t 檢定

◎ 圖 4-13　成對樣本 t 檢定對話方塊

將訓練前、訓練後的資料依序移至配對變數(V)

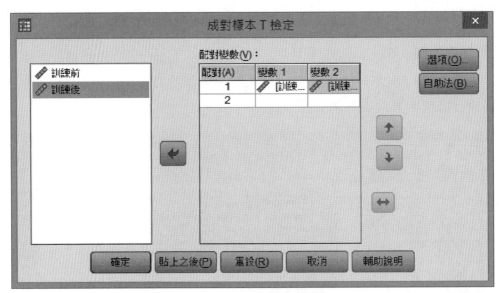

◐ 圖 4-14　成對樣本 t 檢定對話方塊

| 報 | 表 | 分 | 析 | Applied Statistics

1. 成對樣本統計量

		個數	平均數	標準差	平均數的標準誤
成對 1	訓練前	35	12.5143	1.59727	26999
	訓練後	35	11.2571	1.73786	.29375

2. 成對樣本相關

		個數	相關	顯著性
成對 1	訓練前和訓練後	35	.661	.000

3. 成對樣本檢定

	t	自由度	顯著性（雙尾）	成對變數差異				
				平均數	標準差	平均數的標準誤	差異的 95% 信賴區間 下界	上界
成對 1 訓練前和訓練後	5.392	34	.000	1.25714	1.37932	.23315	.78333	1.73096

　　成對樣本相關表，其相關性達.661，且 p 為.000 < .05，達顯著，表示 35 位比賽選手在使用新訓練方法前之前測與後測有顯著的相關。

　　成對樣本檢定，其 t = 5.392，p = .000 < .05，達顯著，且最右欄差異的 95%信賴區間介於.78333 到 1.73096 之間，沒有涵蓋「0」，所以新訓練方法之前、後有顯著差異，即新的訓練方法，有顯著效益。

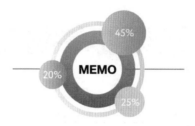

MEMO

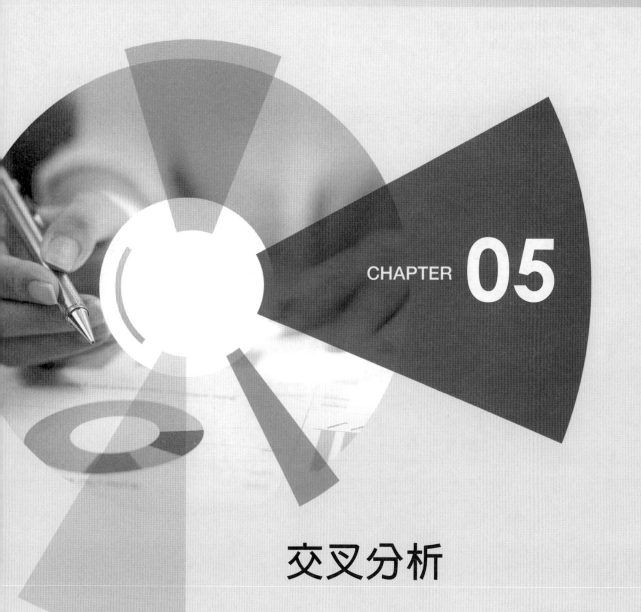

CHAPTER 05

交叉分析

5-1 交叉分析之意義

想要探討多個變數之間的相關性，就可以使用交叉分析，也就是說，交叉分析之主要目的為探討多個類別變數的關聯分布（若為連續變數需轉換成類別變數，才能使用交叉分析），其形式是以表格呈現。每一個表格裡的內容包括：觀察次數、期望次數、行百分比、列百分比與總百分比等等。表格的橫列變項與縱列變項可以互換，可以研究者需要訂定。

交叉分析型式

變數二				
	b_1	b_2	...	b_n
a_1				
變數一　a_2	...			
...				
a_n				

5-2 交叉分析釋例

[◉ 資料檔：範例 5-1]

範例 5-1，將品牌認知：分為高低兩組；將月所得的高低：分為(1)2 萬以下、(2)2~4萬、(3)4 萬以上。如此，兩個變數都屬於類別變數，所以可用交叉分析（或稱：卡方獨立性檢定）來確認品牌認知與月所得的高低，是否有顯著關聯。

◎ 圖 5-1　執行交叉分析

點選交叉表(C)後，會出現交叉表之對話方塊，選取想觀察的變項（此例為「所得高低」與「品牌認知高低」）列與欄內的變項可以互換，按下方的統計量(S)鍵、格(E)、格式(F)鍵，會分別出現三個次對話方塊。

◎ 圖 5-2　交叉表之對話方塊

按下統計量(S)鍵，出現交叉表：統計量之次對話方塊，選取卡方統計量(H)，案右上角繼續鍵。

🍀 圖 5-3　交叉表：統計量之次對話方塊

　　按下格(E)鍵，出現交叉表：儲存格顯示之次對話方塊，點選個數項下的觀察值(O)與期望(E)，再點選百分比項下的橫列(R)、直行(C)、總和(T)，按下右上角的繼續鍵。

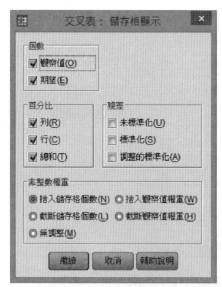

🍀 圖 5-4　交叉表：儲存格顯示之次對話方塊

| 報 | 表 | 分 | 析 |　　　　　Applied Statistics

1. 交叉表—觀察值處理摘要

觀察值處理摘要

	觀察值					
	有效的		遺漏值		總和	
	個數	百分比	個數	百分比	個數	百分比
所得高低分組 * 品牌認知高低分組	639	100.0%	0	.0%	639	100.0%

2. 交叉表

所得高低分組 * 品牌認知高低分組 交叉表

			品牌認知高低分組		總和
			品牌認知高	品牌認知低	
所得高低分組	2萬以下	個數	211	48	259
		期望個數	215.2	43.8	259.0
		在 所得高低分組 之內的	81.5%	18.5%	100.0%
		在 品牌認知高低分組 之內的	39.7%	44.4%	40.5%
		整體的 %	33.0%	7.5%	40.5%
	2-4萬	個數	137	29	166
		期望個數	137.9	28.1	166.0
		在 所得高低分組 之內的	82.5%	17.5%	100.0%
		在 品牌認知高低分組 之內的	25.8%	26.9%	26.0%
		整體的 %	21.4%	4.5%	26.0%
	4萬以上	個數	183	31	214
		期望個數	177.8	36.2	214.0
		在 所得高低分組 之內的	85.5%	14.5%	100.0%
		在 品牌認知高低分組 之內的	34.5%	28.7%	33.5%
		整體的 %	28.6%	4.9%	33.5%
總和		個數	531	108	639
		期望個數	531.0	108.0	639.0
		在 所得高低分組 之內的	83.1%	16.9%	100.0%
		在 品牌認知高低分組 之內的	100.0%	100.0%	100.0%
		整體的 %	83.1%	16.9%	100.0%

交叉表呈現的數據分布，亦稱為列聯表(contingency table)。

數據分析：

第一格（品牌認知高－所得 2 萬以下）：

　　所得 2 萬以下的受測者共 259 人，這群體中，其中品牌認知高的受測者有 211 人，占所得 2 萬以下群體的 81.5%；第一格，所得 2 萬以下且品牌認知高的受測者有 211 人，占所有品牌認知高(531 人)群體的 39.7%。

第二格（品牌認知低－所得 2 萬以下）：

　　所得 2 萬以下的受測者共 259 人，這群體中，其中品牌認知低的受測者有 48 人，占所得 2 萬以下群體的 18.5%；第二格，所得 2 萬以下且品牌認知低的受測者有 48 人，占所有品牌認知高（108 人）群體的 44.4%。

第三格（品牌認知高－所得 2~4 萬元）：

　　所得 2~4 萬元的受測者共 166 人，這群體中，其中品牌認知高的受測者有 137 人，占 2~4 萬元群體的 82.5%；第三格，2~4 萬元且品牌認知高的受測者有 137 人，占所有品牌認知高（531 人）群體的 25.8%。

第四格（品牌認知低－所得 2~4 萬元）：

　　所得 2~4 萬元的受測者共 166 人，這群體中，其中品牌認知低的受測者有 29 人，占所得 2~4 萬元群體的 17.5%；第一格，2~4 萬元且品牌認知低的受測者有 29 人，占所有品牌認知高（108 人）群體的 26.9%。

第五格（品牌認知高－所得 4 萬以上）：

　　所得 4 萬以上的受測者共 214 人，這群體中，其中品牌認知高的受測者有 183 人，占所得 4 萬以上群體的 85.5%；第一格，所得 4 萬以上且品牌認知高的受測者有 183 人，占所有品牌認知高（531 人）群體的 34.5%。

第六格（品牌認知低－所得 4 萬以上）：

　　所得 4 萬以上的受測者共 214 人，這群體中，其中品牌認知低的受測者有 31 人，占所得 4 萬以上群體的 14.5%；第一格，所得 4 萬以上且品牌認知低的受測者有 31 人，占所有品牌認知高（108 人）群體的 28.7%。

5-3 卡方獨立性檢定

卡方獨立性檢定(test of independence)又為關聯性考驗(test of association)，為檢驗自母體樣本中的兩類別變項有無關聯性存在，如果檢驗出來，卡方值不顯著，表示這兩類別變項之間沒有相互關聯；但若卡方值顯著，表示這兩類別變項之間有所關聯。

卡方獨立性檢定只適用於大樣本，列聯表中，每一個細格的期望值都要≥ 5，若期望值太小，容易產生異常大的卡方值，若有此種狀況，可合併鄰行或列，讓期望值≥ 5。

虛無假設與對立假設：

H_0：列分類與行分類獨立（無關聯）

H_1：列分類與行分類不獨立（有關聯）

卡方檢定數據分析（以 5-2 交叉表的數據為例）

卡方檢定

	數值	自由度	漸近顯著性(雙尾)
Pearson卡方	1.418[a]	2	.492
概似比	1.442	2	.486
線性對線性的關連	1.335	1	.248
有效觀察值的個數	639		

a. 0格 (.0%) 的預期個數少於 5。 最小的預期個數為 28.06。

期望值 $E_{ij} = \dfrac{O_i \times O_j}{n} =$ 第 i 列總和與第 j 行總和的乘積除以樣本數

卡方值的計算 $\chi^2 = \displaystyle\sum_{i=1}^{r}\sum_{j=1}^{c}\frac{(O_{ij}-E_{ij})^2}{E_{ij}}$

$O_{ij} =$ 第 i 列與第 j 行的觀察值

$E_{ij} =$ 第 i 列與第 j 行的期望值

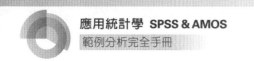

$$\text{卡方值} = \frac{(211-215.2)^2}{215.2} + \frac{(48-43.8)^2}{43.8} + \frac{(137-137.9)^2}{137.9} + \frac{(29-28.1)^2}{28.1} +$$

$$\frac{(183-177.8)^2}{177.8} + \frac{(31-36.2)^2}{36.2} = 1.418$$

所得 2 萬以下的受測者共 259 人，這群體中，其中品牌認知高的受測者有 211 人，占所得 2 萬以下群體的 81.5%；

所得 2~4 萬元的受測者共 166 人，這群體中，其中品牌認知高的受測者有 137 人，占 2~4 萬元群體的 82.5%；

所得 4 萬以上的受測者共 214 人，這群體中，其中品牌認知高的受測者有 183 人，占所得 4 萬以上群體的 85.5%。

由上述交叉分析：所得收入與品牌認知沒有特別關聯。

卡方值 1.418，未達顯著水準（p 值 0.492＞0.05），故接受虛無假設。

所得收入與品牌認知無關聯（獨立）。

	品牌認知高	品牌認知低
2 萬以下	211	48
2~4 萬	137	29
4 萬以上	183	31

如果觀察值及期望值都已知，也可以用 Excel 的公式，計算卡方獨立性檢定的 p 值。

1. 求 p 值

公式：=CHITEST(觀察值, 期望值)

p 值=0.492025

如果 p 值為已知，也可以用 Excel 的公式，計算卡方獨立性檢定的卡方值。

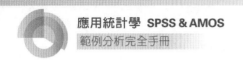

2. 求卡方值

公式：=CHIINV(p 值,自由度)

自由度=(行−1)×(列−1)=(2−1)×(3−1)=2

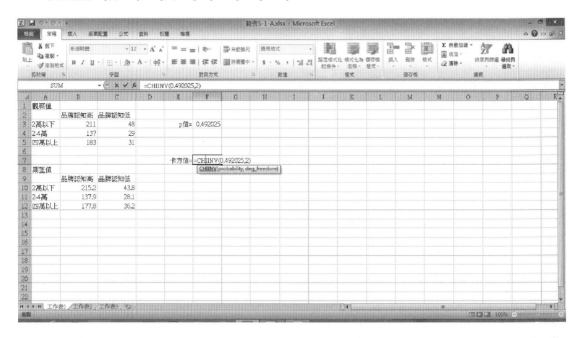

卡方值：1.418

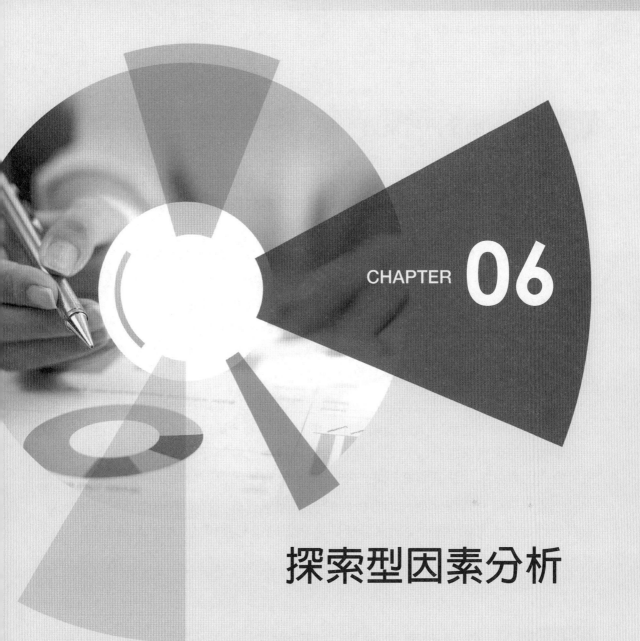

CHAPTER **06**

探索型因素分析

6-1 因素分析概述

因素分析(factor analysis)目的是利用統計分析來檢視一項測驗能確實測出受測者的潛在特質，並分析具同一潛在特性之測量分數背後的因素結構，因此，因素分析為檢測建構效度最常使用的方法。

進行因素分析時，其樣本應具備一定的大小，有學者建議樣本數應大於 300，此外，1983 年，Gorsuch 學者提出樣本數應為測驗題數的五倍，且樣本數須大於 100，確保因素分析之可靠性。在因素分析中，所有的變項必須皆屬於連續變項，且變項與變項之間要有一定的相關程度，不能過高或過低，相關性過高，效度辨識低其因素結構價值低；相關性過低，其共同潛在特質難以辨別，不易抽樣。可利用 KMO 檢定及球形檢定來檢視變項與變項間的相關性。

因素分析最主要的功能就是將繁雜的共變結構予以濃縮簡化，也就是說，因素分析可以用較少的建構因素層面描述所有的觀察變項，幫助研究者選擇最能代表某一因素構面的題目來進行最適切的測量。若研究者已編製好一份架構完善的問卷，便可使用因素分析檢測其研究試題的好、壞及研究理論與其設定之假說。

因素分析可分為探索型因素分析與驗證型因素分析，探索型因素分析可用 spss 因素分析之方法完成，驗證型因素分析則需使用結構方程模式（AMOS 或 LISREL）方能完成（詳見第七章）。

6-2 探索型因素分析之範例

假設研究者進行探索式因素分析，欲分析問卷中「代言人可信度」的 16 個題項，是否隱含多重的潛在特質。

開啟檔案後，將滑鼠移至分析(A)項下資料縮減(D)的右邊第一個選項，點選因子(F)。[◎ 資料檔：範例 6-1]

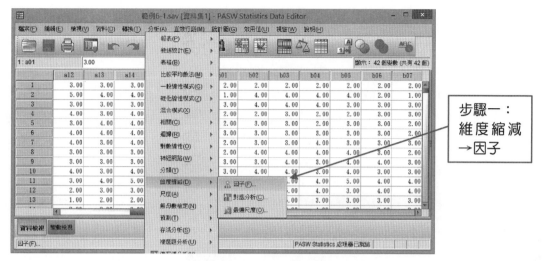

步驟一：
維度縮減
→因子

🜨 圖 6-1　執行因素分析

點選因子(F)，出現因子分析之對話方塊，將左邊欲分析之題項移至右邊變數(V)的空白方格中，選取下方之描述性統計量(D)、萃取(E)、轉軸法(T)及選項(O)鍵。

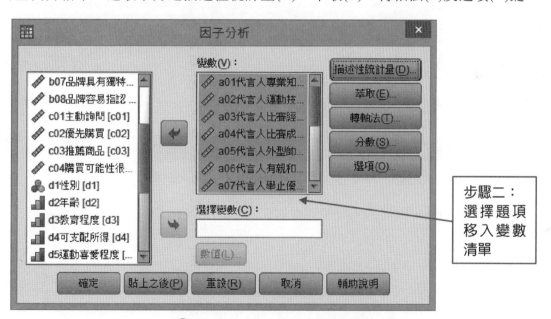

步驟二：
選擇題項
移入變數
清單

🜨 圖 6-2　因子分析之對話方塊

選取描述性統計量(D)鍵，出現因子分析：描述性統計量之次對話方塊，其中上方統計量包含單變量描述性統計量(U)及未轉軸之統計量(I)。單變量描述性統計量，報表會輸出每一題目之平均數和標準差；未轉軸之統計量，報表會輸出因素分析上未轉軸前，題項的共同性、特徵值之總和、變異數的百分比及累積百分比。下方相

關矩陣包含了七項：係數(C)、顯著水準(S)、行列式(D)、KMO 與 Bartlett 的球形檢定(K)、倒數模式(N)、重製的(R)、反映像(A)。係數(C)，報表會輸出題項與題項的相關矩陣；顯著水準(S)，就是係數(C)的相關矩陣顯著性；行列式(D)，報表會輸出係數(C)的相關矩陣行和列的值；Kaiser 學者(1974)指出 KMO 值越接近 1，表示整體資料越適合進行因素分析，若 KMO 值低於 0.5，代表不適合進行因素分析；倒數模式(N)，報表會輸出係數(C)相關矩陣之相反矩陣；反映像(A)，報表會輸出反映像之相關矩陣和反映像之共變數。研究者點選想得知的選項後，按下繼續鍵。

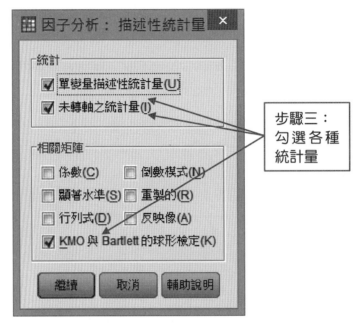

C 圖 6-3　因子分析：描述性統計量之次對話方塊

　　選取萃取(E)鍵，出現因子分析：萃取之次對話方塊，**方法(M)：主成份** 按下右邊下拉式箭頭，其中包含：主成份、未加權最小平方法、概化最小平方法、最大概似值、主軸因素、Alpha 因素萃取法、映像因素萃取法。主成份分析法(principle component analysis)為 spss 內定方法，也是最基本的方法，將整體變項的變異數簡化為較少的變異數，對重要的變異數給予較多的權重，不重要的變異數給予較少的權重，簡化後的變異數便含有主要的成份。

　　未加權最小平方法(unweighted least squares method)所抽出的因素最接近原本的相關模式；加權最小平方法或概化最小平方法(generalized least squares method)使解釋力較小的變異數得到較少的權重，給予共同變異較大的變異數較多的權重。

　　最大概似值(maximum likelihood method)需要較大的樣本數來進行估計，其可推估代表母體的因素特質；主軸因素(principle axis factors)不考慮整體的變異數，而是分析每一題項與題項間共同的變異數。

　　主成份法與主軸因素法得出的結果很相似，但主成份法較適合簡化資料，主軸因素法較適合檢驗因素結構；Alpha 因素萃取法(alpha factoring)是探討共同因素的內部共通性，使因素與因素間能清楚的區分；映像因素萃取法(image factor extraction)與主成份法相似，但不同的是，其最後求出的因素負荷量是變項和因素之間的共變數。

　　特徵值設定大於 1，按下繼續鍵，回到原對話方塊，點選轉軸法(T)。

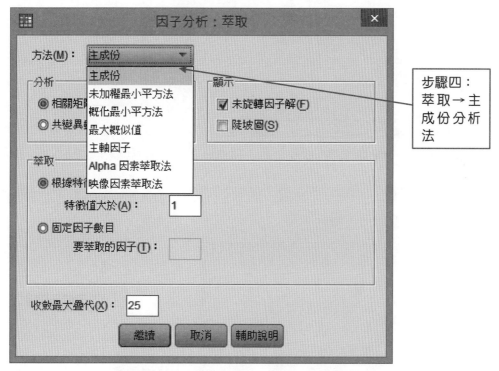

C 圖 6-4　因子分析：萃取之次對話方塊

　　點選轉軸法(T)，出現因子分析：轉軸法之次對話方塊，上方，方法包括：最大變異法(V)、直接斜交法(O)、四次方最大值轉軸法(Q)、Equamax 轉軸法(E)、Promax(P)。最大變異法(varimax)是使每一變項在因素負荷平方矩陣的每一行的變異數最大；四次方最大值轉軸法(quartimax)是使其每一變項在因素負荷平方矩陣的每一列的變異數最大；Equamax 轉軸法（相等最大值法）便是最大變異法與四次方最大值轉軸法的合體，使每一變項在每一因素負荷平方矩陣上，每一行每一列的變異

數皆最大。直接斜交法(direct oblimin)使因素負荷量的差積化成最小值；Promax 是將最大變異法所確立出的清楚結構再進行斜交轉軸，以釐清因素與因素間的關係。選取選項後，按下繼續鍵，回到原對話方塊，點選選項(O)鍵。

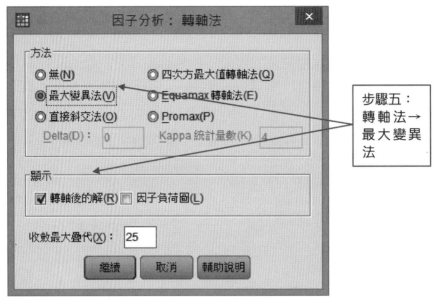

© 圖 6-5　因子分析：轉軸法之次對話方塊

點選選項(O)鍵後，出現因子分析：選項之次對話方塊，設定遺漏值與細數顯示格式，按下繼續鍵，回到原對話方塊。

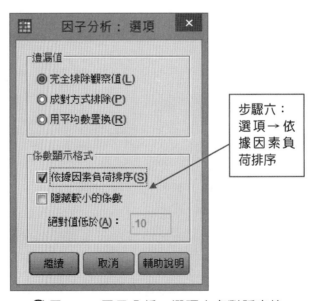

© 圖 6-6　因子分析：選項之次對話方塊

Kaiser 學者(1974)的觀點：

KMO 統計量	因素分析適合性
.90 以上	極佳的(marvelous)
.80 以上	良好的(meritorious)
.70 以上	中度的(middling)
.60 以上	平庸的(mediocre)
.50 以上	可悲的(miserable)
.50 以下	無法認受(unacceptable

Kaiser, H. F. (1974). An index of factorial simplicity. Psychometrics, 39, 31-36.

1. 因子分析

KMO與Bartlett檢定

Kaiser-Meyer-Olkin 取樣適切性量數。		.905
Bartlett 的球形檢定	近似卡方分配	5433.141
	df	120
	顯著性	.000

KMO 值為.905，達.80 以上，可評為良好，KMO 值越大，表示其共同性越高，表示適合進行因素分析。近似卡方分配為 5433.141，自由度為 120，顯著性.000，達顯著，適合進行因素分析。

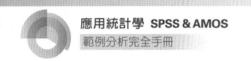
2. 因子分析－共同性

共同性

	初始	萃取
a01代言人專業知識豐富	1.000	.556
a02代言人運動技巧高超	1.000	.817
a03代言人比賽經驗豐富	1.000	.771
a04代言人比賽成績優異	1.000	.759
a05代言人外型帥氣	1.000	.365
a06代言人有親和力	1.000	.678
a07代言人舉止優雅	1.000	.646
a08代言人行事風格相似	1.000	.262
a09代言人傳達的訊息值得信賴	1.000	.665
a10代言人代言的商品較為安心	1.000	.674
a11代言人代言的商品吸引購買	1.000	.632
a12代言人負面消息影響支持	1.000	.414
a13代言人經常出賽	1.000	.594
a14代言人被新聞媒體報導	1.000	.675
a15代言人出現在各類廣告之中	1.000	.658
a16代言人曝光率高引起注意	1.000	.643

「a02代言人運動技巧高超」在代言人可信度的共同性最高

萃取法：主成份分析。

共同性的萃取值表示共同因素解釋每題項變異量的比例，萃取值越高，表示此變項與其他變項有越多共同潛在特質，影響力與重要性也越強。

3. 因子分析－解說總變異量

解說總變異量

元件	初始特徵值			平方和負荷量萃取			轉軸平方和負荷量		
	總數	變異數的 %	累積%	總數	變異數的 %	累積%	總數	變異數的 %	累積%
1	6.899	43.120	43.120	6.899	43.120	43.120	3.860	24.126	24.126
2	1.745	10.906	54.026	1.745	10.906	54.026	3.018	18.862	42.989
3	1.167	7.294	61.320	1.167	7.294	61.320	2.933	18.332	61.320
4	.982	6.139	67.459						
5	.864	5.401	72.860						
6	.731	4.568	77.428						
7	.587	3.669	81.097						
8	.500	3.125	84.223						
9	.477	2.981	87.204						
10	.371	2.318	89.522						
11	.364	2.276	91.797						
12	.350	2.187	93.984						
13	.281	1.758	95.742						
14	.265	1.656	97.398						
15	.229	1.433	98.831						
16	.187	1.169	100.000						

萃取法：主成份分析。

特徵值
Eigenvalue

　　Kaiser(1974)建議保留特徵值>1 或 >所有變數的平均變異數的主成份，除非選取的因素比原來變數解釋的還多，否則不取。代言人可信度有三個特徵值大於 1，分別是 6.899，1.745，1.167。

　　以特徵值為 1 來當作萃取因素的標準，此例題抽取出 3 個因素，而變異數的百分比就是特徵值除以題數，例如第一個特徵值為 6.899，除以代言人可信度的題數(16題)，6.899÷16 = 43.120%（解釋變異量的百分比）。

　　平方和負荷量萃取表，顯示特徵值>1 的有三個，因此可分為三個主要因素，分別可以解釋 43.120、10.906 和 7.294%變數的變異量，累計變異數的百分比為 61.320%（代言人可信度原來是 16 題，現在用三個因素（構面），即可解釋整體現象的61.320%）。

　　轉軸後，增加其完整性，共同因素之特徵值與變異數的百分比改變，第一個因素之特徵值轉軸後為 3.860，解釋變異量為 24.126%；第二個因素之特徵值轉軸後為 3.018，解釋變易量為 18.862%，第三個因素之特徵值轉軸後為 2.933，解釋變易量為 18.332%。但因素之共同特性與相對位置不會改變，所以整體累計變異量的百分比也不會改變，仍然為 61.320%。

4. 因子分析－成份矩陣

成份矩陣[a]

	元件		
	1	2	3
a10代言人代言的商品較為安心	.748	-.321	.105
a11代言人代言的商品吸引購買	.729	-.318	.010
a14代言人被新聞媒體報導	.727	-.203	-.326
a09代言人傳達的訊息值得信賴	.718	-.280	.267
a13代言人經常出賽	.711	-.172	-.243
a16代言人曝光率高引起注意	.704	-.227	-.311
a15代言人出現在各類廣告之中	.690	-.233	-.357
a07代言人舉止優雅	.668	-.004	.447
a03代言人比賽經驗豐富	.649	.589	-.049
a01代言人專業知識豐富	.636	.377	.095
a02代言人運動技巧高超	.635	.631	-.128
a06代言人有親和力	.626	-.099	.525
a04代言人比賽成績優異	.622	.593	-.143
a12代言人負面消息影響支持	.579	-.173	-.221
a05代言人外型帥氣	.512	.084	.310
a08代言人行事風格相似	.485	-.013	.164

萃取方法：主成份分析。

　a. 萃取了 3 個成份。

　　成份矩陣是尚未轉軸的原始因素負荷量，因素負荷量越高，表示該題項的潛在特質在共同性的地位越重要。

5. 因子分析－轉軸後的成份矩陣

轉軸後的成份矩陣[a]

	元件		
	1	2	3
a15代言人出現在各類廣告之中	.777	.145	.184
a14代言人被新聞媒體報導	.769	.185	.223
a16代言人曝光率高引起注意	.756	.188	.189
a13代言人經常出賽	.696	.238	.230
a11代言人代言的商品吸引購買	.631	.477	.076
a12代言人負面消息影響支持	.596	.181	.162
a10代言人代言的商品較為安心	.592	.565	.068
a06代言人有親和力	.164	.795	.140
a07代言人舉止優雅	.192	.738	.254
a09代言人傳達的訊息值得信賴	.459	.671	.066
a05代言人外型帥氣	.124	.524	.274
a08代言人行事風格相似	.236	.409	.198
a02代言人運動技巧高超	.200	.143	.869
a04代言人比賽成績優異	.219	.130	.833
a03代言人比賽經驗豐富	.184	.222	.829
a01代言人專業知識豐富	.193	.368	.619

loading factor未大於0.5，所以刪除

萃取方法：主成份分析。
旋轉方法：旋轉方法：含 Kaiser 常態化的 Varimax 法。
　a. 轉軸收斂於 5 個疊代。

　　轉軸後的成份矩陣，其相同潛在特性的題項會排在一起，且會按照因素負荷量之大小排列，原則上因素負荷量大於 0.5，才列入因素之成份。

　　「a08 代言人行事風格相似」因素負荷量未大於 0.5，所以要刪除該題，並重作因素分析。

刪除 a08 題項，重作因素分析之後，各項分析數據都會因而改變，以下是第二次因素分析，轉軸後的數據。

KMO與Bartlett檢定

Kaiser-Meyer-Olkin 取樣適切性量數。		.904
Bartlett 的球形檢定	近似卡方分配	5242.976
	df	105
	顯著性	.000

解說總變異量

元件	初始特徵值			平方和負荷量萃取			轉軸平方和負荷量		
	總數	變異數的 %	累積%	總數	變異數的 %	累積%	總數	變異數的 %	累積%
1	6.691	44.609	44.609	6.691	44.609	44.609	3.763	25.087	25.087
2	1.745	11.633	56.242	1.745	11.633	56.242	2.927	19.513	44.600
3	1.160	7.731	63.973	1.160	7.731	63.973	2.906	19.373	63.973
4	.948	6.318	70.291						
5	.732	4.877	75.168						
6	.667	4.447	79.615						
7	.500	3.336	82.951						
8	.480	3.201	86.152						
9	.374	2.496	88.648						
10	.368	2.453	91.101						
11	.359	2.393	93.494						
12	.290	1.933	95.427						
13	.265	1.767	97.193						
14	.234	1.560	98.753						
15	.187	1.247	100.000						

萃取法：主成份分析。

轉軸後的成份矩陣ᵃ

	元件		
	1	2	3
a15代言人出現在各類廣告之中	.781	.180	.147
a14代言人被新聞媒體報導	.773	.221	.189
a16代言人曝光率高引起注意	.759	.186	.188
a13代言人經常出賽	.700	.228	.231
a11代言人代言的商品吸引購買	.611	.078	.511
a12代言人負面消息影響支持	.601	.160	.170
a02代言人運動技巧高超	.208	.870	.122
a04代言人比賽成績優異	.227	.834	.114
a03代言人比賽經驗豐富	.185	.832	.221
a01代言人專業知識豐富	.185	.624	.375
a06代言人有親和力	.161	.159	.780
a07代言人舉止優雅	.197	.272	.707
a09代言人傳達的訊息值得信賴	.436	.076	.706
a10代言人代言的商品較為安心	.568	.074	.605
a05代言人外型帥氣	.119	.287	.528

萃取方法：主成份分析。
旋轉方法：旋轉方法：含 Kaiser 常態化的 Varimax 法。

　a. 轉軸收斂於 5 個疊代。

KMO與Bartlett檢定

Kaiser-Meyer-Olkin 取樣適切性量數。		.905
Bartlett 的球形檢定	近似卡方分配	5433.141
	df	120
	顯著性	.000

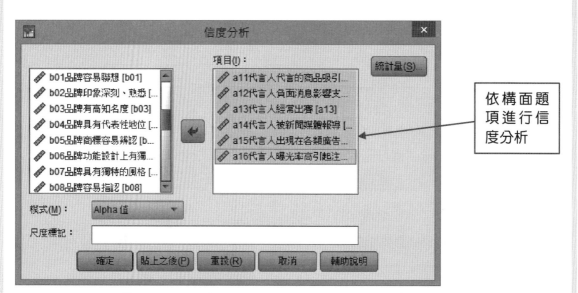

🅒 圖 6-7　因素分析後，依各因素題項，進行信度分析

　　研究者可依同一因素，各題項之共同意涵，將因素命名。並將重要數據整合在同一表格，簡化數據報表的繁瑣性。

　　因已明確區分為三個因素，所以每個因素都要個別進行信度分析，並將因素分析多項重要數據整合在同一表格，如下一頁所示。

代言人可信度因素分析表

因素名稱	題項與題目	因素負荷量	特徵值	解釋變異量	累積解釋變異量	信度分析
因素一 （參酌左列題項意涵，自行命名）	a15 代言人出現在各類廣告之中	.781	6.691	44.069	44.069	0.860
	a14 代言人被新聞媒體報導	.773				
	a16 代言人曝光率高引起注意	.759				
	a13 代言人經常出賽	.700				
	a11 代言人代言的商品吸引購買	.611				
	a12 代言人負面消息影響支持	.601				
因素二 （參酌左列題項意涵，自行命名）	a02 代言人運動技巧高超	.870	1.745	11.663	56.242	0.871
	a04 代言人比賽成績優異	.834				
	a03 代言人比賽經驗豐富	.832				
	a01 代言人專業知識豐富	.624				
因素三 （參酌左列題項意涵，自行命名）	a 06 代言人有親和力	.780	1.160	7.731	63.973	0.806
	a 07 代言人舉止優雅	.707				
	a 09 代言人傳達的訊息值得信賴	.706				
	a 10 代言人代言的商品較為安心	.605				
	a 05 代言人外型帥氣	.528				

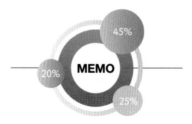

CHAPTER 07

結構方程模式－
驗證型因素分析

本書第六章的主題是探索型因素分析（exploratory factor analysis；簡稱 EFA），適用於量表是非結構性的，但若量表已是結構性的如表 7-1，就要用驗證型因素分析，若使用探索型因素分析，可能會錯置原來結構性的量表，在論文寫作上，要特別留意因素分析使用的型態。驗證性因素分析(CFA)通常是有理論或前人的研究成果為依據，所以驗證性因素分析已經事先規劃好了，例如：(1)因素的數量；(2)因素與題項之間的關係，所以驗證性因素分析就是依據研究者所收集到的資料，「驗證」你所收集到的資料是不是與之前研究一樣有相同的 factor。以下範例是代言人可信度結構性的量表，是參考以往學者的研究整理而成，問卷回收後，就需要使用驗證型因素分析（confirmatory factor analysis，簡稱 CFA），來確認問卷的信度與效度是否恰當。

表 7-1　代言人可信度衡量構面與問項

構　面	問　　　項
專業性	1. 我認為專業知識豐富的選手才夠資格當代言人
	2. 我認為運動技巧高超的選手才夠資格當代言人
	3. 我認為比賽經驗豐富的選手才夠資格當代言人
	4. 我認為比賽成績優異的選手才夠資格當代言人
吸引力	5. 我覺得運動選手代言人外型帥氣，能吸引我的注意
	6. 我覺得運動選手代言人很有親和力，讓我願意接近
	7. 我覺得運動選手代言人舉止優雅有魅力，令人喜愛
	8. 我覺得運動選手代言人的行事風格，和我非常相似
可靠性	9. 形象好的運動選手所傳達的訊息，較值得我們信賴
	10.形象好的運動選手所代言的商品，會讓我較為安心
	11.形象好的運動選手所代言的商品，較能吸引我購買
	12.運動選手有負面消息時，會影響我對代言商品的支持
曝光率	13.運動選手若經常出賽，較能吸引我購買其代言的商品
	14.運動選手經常被新聞媒體報導，可以提升其代言效果
	15.運動選手經常出現在各類廣告之中，可提升代言效果
	16.曝光率高的運動選手代言的商品，較能引起我的注意

7-2 驗證型因素分析實例

　　CFA 也經常配合徑路分析(path analysis)／結構方程模型（structural equation modeling；簡稱 SEM），所使用的軟體有 AMOS，LISREL，PLS 等結構方程模式軟體，在此軟體之下，又有二階驗證型因素分析或一階（巢式）驗證型因素分析等不同的方式，本書是利用 AMOS 軟體，繪製表 7-1 量表構面與題項的對應架構圖（採一階驗證型因素分析），繪圖的重點如下：

1. 方形圖形代表可觀察變項，所對應的各題項，都要在 SPSS 對應的資料檔中呈現（如[◉資料檔：範例 7-1]及附錄一問卷）。

2. 橢圓圖形代表潛在的研究構面（不能出現在 SPSS 對應的資料檔中），一階驗證型因素分析需兩兩連結雙箭頭（代表兩兩構面有相關），每一構面對應的題組，要有一題設定為參照指標，係數設為 1（如圖 7-1）。

3. 每一題項也都要配與誤差項（用圓形圖形繪製），圓形、橢圓形的資料代碼不能出現在 SPSS 對應的資料檔中，所以 SPSS 資料編碼及 AMOS 圖形檔的對應關係，要別留意是否正確，若對應關係不正確，AMOS 會出現錯誤訊息，而無法完成驗證型因素分析。

　　進行驗證型因素分析，有下列幾項步驟：

1. 在 AMOS 繪製一階驗證型因素分析架構圖。

2. 選取 SPSS 資料檔。

3. 勾選輸出資料。

4. 計算分析。

5. 分析資料。

6. 修正模式。

7. 計算組成信度。

8. 在 SPSS 建立構面資料。

步驟一 ▶ 在 AMOS 繪製一階驗證型因素分析架構圖

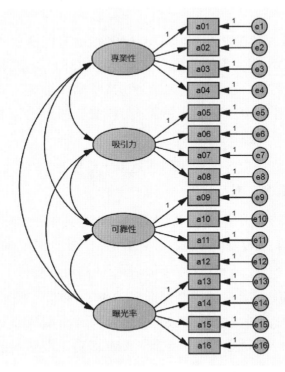

◎ 圖 7-1 繪製一階驗證型因素分析架構圖（代言人可信度）

步驟二 ▶ 選取 SPSS 資料檔

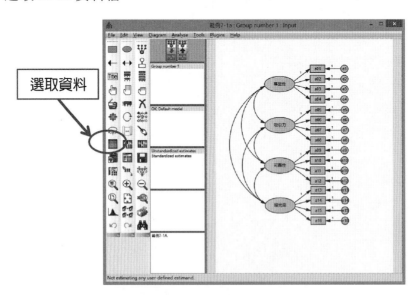

選取資料

◎ 圖 7-2 選取資料

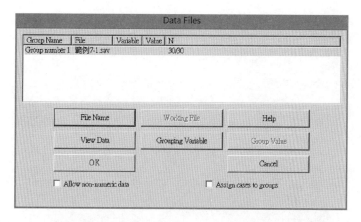

步驟三 ▸ 勾選輸出資料

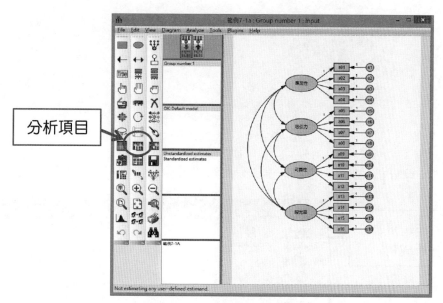

◖ 圖 7-4　點選分析項目

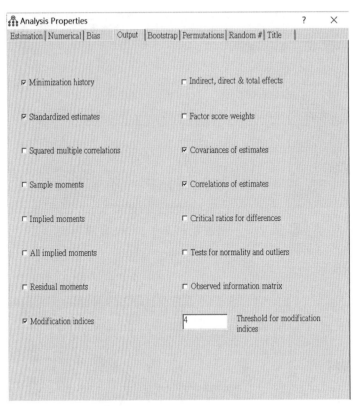

◷ 圖 7-5　勾選分析項目

步驟四 ▶ 計算分析

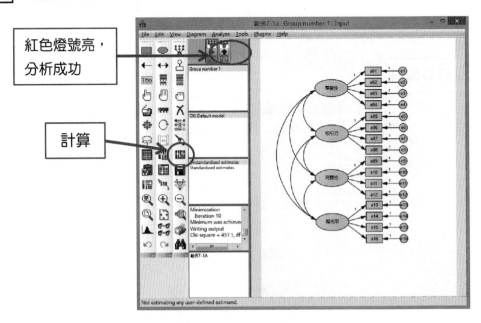

◷ 圖 7-6　點選計算

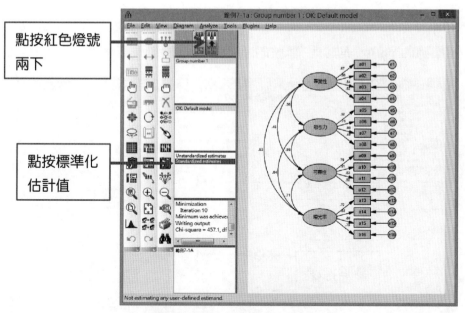

🄒 圖 7-7　點選分析係數

步驟五　分析資料

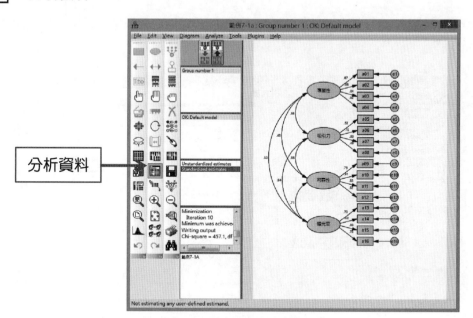

🄒 圖 7-8　點選分析資料

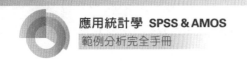
1. 迴歸係數

參照指標的 p 值，與其他有*號的題項一樣，皆達顯著水準。

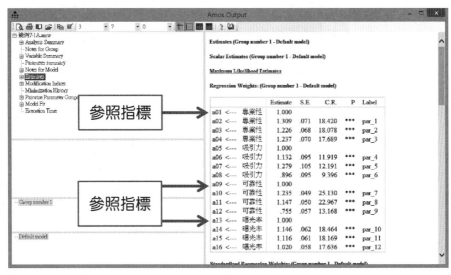

🅒 圖 7-9　估計值資料（非標準化係數）

標準化迴歸係數（因素負荷量），有些學者主張需大於 0.6，部分學者認為大於 0.5 即可。

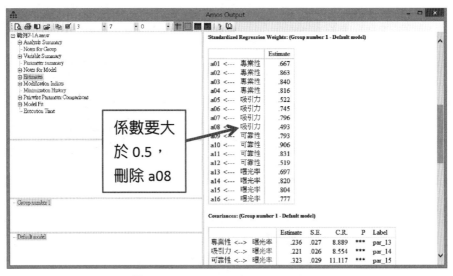

🅒 圖 7-10　標準化估計值資料

2. 模式適配度

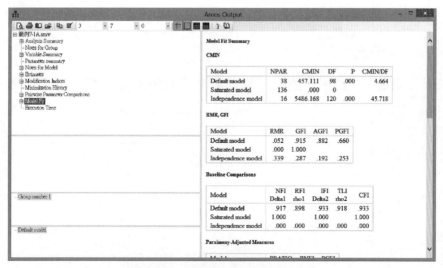

⊙ 圖 7-11 標準化估計值資料

表 7-2 驗證型因素分析適配度指標彙整表

衡量指標			理想評鑑結果
整體模式適配度 (overall model fit)	絕對適配指標 (absolute fit measurement)	x^2	越小越好
		x^2/df	<3
		AGFI	>0.90
		GFI	>0.90
		SRMR	<0.08
		RMSEA	<0.08
		RMR	<0.08
	增值適配指標 (incremental fit measurement)	NFI	>0.90
		NNFI	>0.90
		RFI	>0.90
		IFI	>0.90
		CFI	>0.90
	精簡適配指標 (parsimonious fit measurement)	PNFI	>0.50
		PGFI	>0.50
模式內在結構適配度 (incremental fit measurement)		CR（組成信度）	>0.60
		AVE	>0.50

| 步驟六 | 修正模式 |

若未達適配度指標，可參考修正指標（MI 值）進行模式修正

1. MI 值（誤差項部分）

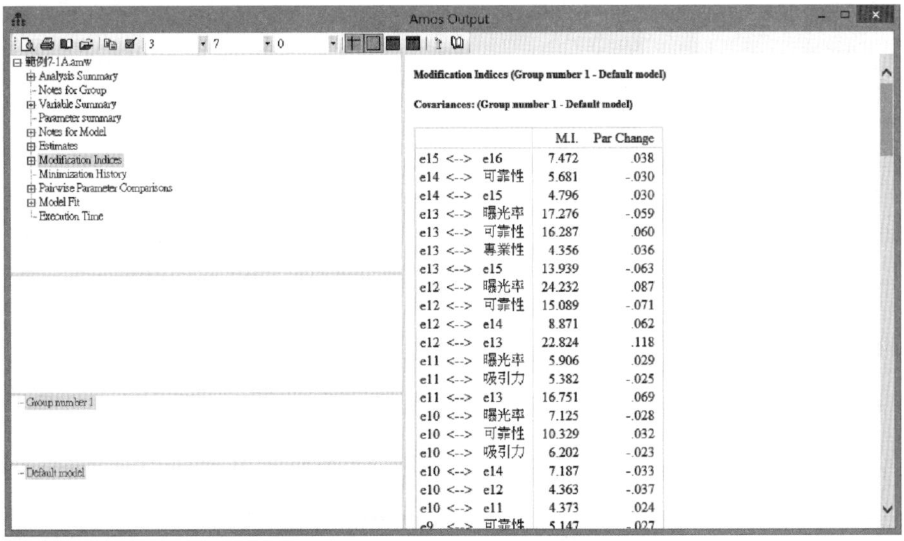

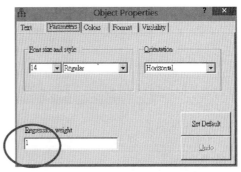

圖 7-12　MI 值（誤差項部分）

2. MI 值（題項部分）

　　若 MI 過高，表示兩個變項間具有相當共同影響來源，會影響模式適配度，有些學者建議可以將 MI 過高的兩個變項，建立相關（畫上雙箭頭），就可以改善適配度，此作法在統計學的觀點是可行的，但從社會科學研究的觀點，是要觀察變數之間是否有實質的重疊性，用刪除題項的方式，來改善適配度，較為合宜。以圖 7-14 為例，（a01－吸引力）的 MI 值過高(34.71)，可以刪除 a01。

　　刪除 a01，也會刪除路徑上的參照指標，可以在 a02 的路徑上，按右鍵，並點選 parameter，再將迴歸權重設為 1（如圖 7-13）。刪除 a01 後，再重新進行步驟四(計算分析)，再檢視適配度指標以否達參考標準值，若大多的適配度指標未達標準，就必須再檢視題項部分的 MI 值，看是否還有其他 MI 值過高的題項，如此逐步檢視，再計算分析，就可完成驗證型因素分析（如圖 7-15、表 7-4）。

圖 7-13　將迴歸權重設為 1

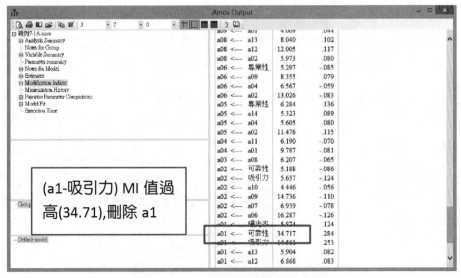

◐ 圖 7-14　MI 值（題項部分）

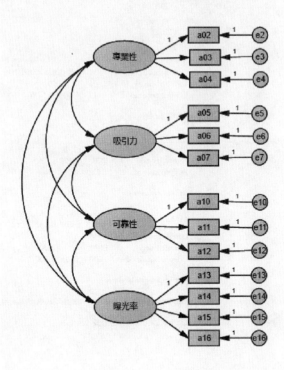

◐ 圖 7-15　修正後模式圖

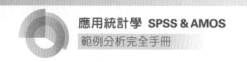

表 7-3　適配度指標彙整（初始模式）

適配指標(fit indices)	參考標準值	統計量	結果判斷
p 值	>.05	.000	顯著
卡方檢定值與自由度的比值(χ^2/df)	< 3	4.664	佳
適配度指標(GFI)	>0.9	.915	佳
修正後適配度指標(AGFI)	>0.9	.882	尚可
基準適配度指標(NFI)	>0.9	.917	佳
非基準適配度指標(TLI)	>0.9	.918	佳
比較適配度指標(CFI)	>0.9	.933	佳
漸近誤差均方根(RMSEA)	<.08	.076	佳
殘差均方根(RMR)	<.08	.052	佳

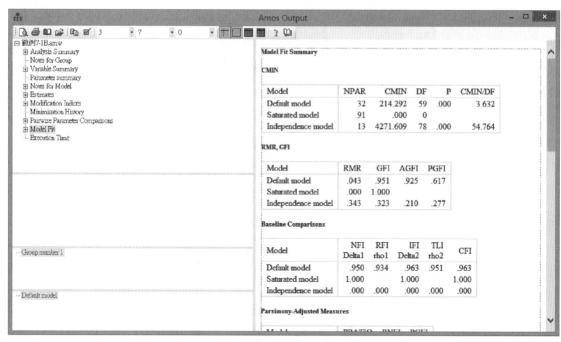

ⓒ 圖 7-16　修正後模式適配度指標

表 7-4　適配度指標彙整（修正模式）

適配指標(fit indices)	參考標準值	統計量	結果判斷
p 值	>.05	.000	顯著
卡方檢定值與自由度的比值(χ^2/df)	< 3	3.632	佳
適配度指標(GFI)	>0.9	.951	佳
修正後適配度指標(AGFI)	>0.9	.925	佳
基準適配度指標(NFI)	>0.9	.950	佳
非基準適配度指標(TLI)	>0.9	.951	佳
比較適配度指標(CFI)	>0.9	.963	佳
漸近誤差均方根(RMSEA)	<.08	.064	佳
殘差均方根(RMR)	<.08	.043	佳

步驟七　計算組成信度(composite reliability)

　　組成信度是其所有測量變項信度的組成，表示構念指標的內部一致性，信度越高顯示這些指標的內部一致性越高，Fornell & Larcker(1981)認為組成信度要大於 0.6，平均變異抽取量（average variance extracted；簡稱 AVE）要大於 0.5。

$$組成信度\ r_{TX} = \frac{(\sum 標準化因素負荷量)^2}{(\sum 標準化因素負荷量)^2 + \sum_{\varepsilon j}}$$

$$\varepsilon j = 1 - 指標信度 = 1 - (指標之標準化負荷係數)^2$$

$$平均變異抽取量 = \frac{\sum (標準化因素負荷量^2)}{\sum (標準化因素負荷量^2) + \sum_{\varepsilon j}} \quad （要大於 0.5）$$

$$\begin{aligned}
「專業性」組成信度 &= (0.869+0.823+0.836)^2/(0.869+0.823+0.836)^2+ \\
&\quad (1-0.869^2)+(1-0.823^2)+(1-0.836^2) \\
&= 0.8803
\end{aligned}$$

$$\begin{aligned}
平均變異抽取量(AVE) &= (0.869^2+0.823^2+0.836^2)/(0.869^2+0.823^2+0.836^2)+ \\
&\quad (1-0.869^2)+(1-0.823^2)+(1-0.836^2) \\
&= 0.7105
\end{aligned}$$

　　AVE 是計算潛在變項對各測量項的變異解釋力，若 AVE(average variance extracted)越高，則表示潛在變項有越高的信度與收斂效度。

　　區別效度：每個構面 AVE 的平方根大於各構面相關係數之個數，至少須達總比較個數的 75%以上。可利用本書光碟第七章所附「組成信度與 AVE 及 AVE 平方根計算公式」輕鬆完成相關數據。

　　下圖為利用本書光碟第七章所附程式所得數據（以專業性 aa1 為例）

表 7-5　代言人可信度驗證性因素分析結果彙整

潛在變項	題項	標準化因素負荷量	組成信度	平均變異抽取量(AVE)	AVE 的平方根
專業性 (aa1)	a02	.869*	.8803	.7105	.8428
	a03	.823*			
	a04	.836*			
吸引力 (aa2)	a05	.537*	.7392	.4921	.7015
	a06	.752*			
	a07	.789*			
可靠性 (aa3)	a10	.874*	.8130	.6019	.7758
	a11	.868*			
	a12	.537*			
曝光率 (aa4)	a13	.699*	.8579	.6024	.7761
	a14	.820*			
	a15	.805*			
	a16	.775*			

註：*表示 p＜.05，達顯著水準。

　　表 7-5 因素負荷量均大於 0.5，組成信度均大於 0.6，所以一階驗證模式具有收斂效度。平均變異抽取量除了「吸引力」外，其餘 AVE 均大於 0.5。

將 Amos 報表的相關係數填入表 7-6 （範例 7-1b）

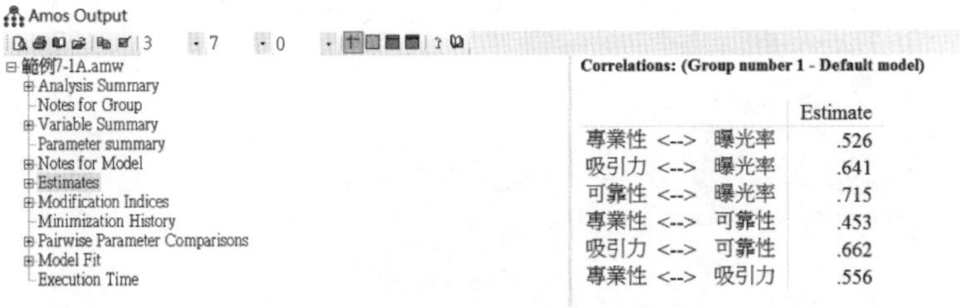

Correlations: (Group number 1 - Default model)

			Estimate
專業性	<-->	曝光率	.526
吸引力	<-->	曝光率	.641
可靠性	<-->	曝光率	.715
專業性	<-->	可靠性	.453
吸引力	<-->	可靠性	.662
專業性	<-->	吸引力	.556

表 7-6　代言人可信度各構面區別效度

	專業性	吸引力	可靠性	曝光率
專業性	0.842			
吸引力	0.556	0.701		
可靠性	0.453	0.662	0.775	
曝光率	0.526	0.641	0.715	0.776

註：　對角線為各構面的 AVE 值的平方根（數據如表 7-5），其餘為構面間的相關係數。
　　　對角線的 AVE 值的平方根均大於構面間的相關係數，所以代言人可信度各構面都具有區別效
　　　度。

步驟八▶ 在 SPSS 建立構面欄位資料

完成表 7-5 的數據彙整後，可在範例 7-1 的 SPSS 資料檔內，建立專業性、吸引力、可靠性、曝光率等因素（構面）的欄位，因素資料的建立，要以因素負荷量為權重加權計算，以下以「可靠性」、「曝光率」因素 SPSS 欄位為例，說明因素負荷量權重的計算：

$$可靠性(aa3)=(a10×0.874+a11×0.868+a12×0.537)/(0.874+0.868+0.537)$$

�় 圖 7-17　由轉換－計算變數，建立 SPSS 的欄位

117

C 圖 7-18　「可靠性」因素 SPSS 欄位的建立

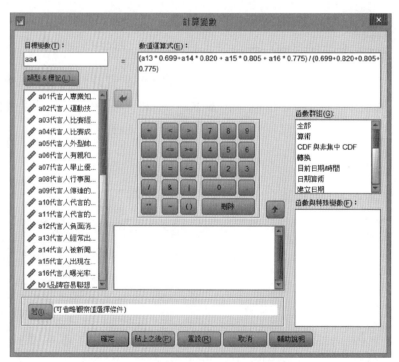

C 圖 7-19　「曝光率」因素 SPSS 欄位的建立

依序完成 aa1~aa4 因素欄位建立後，另存新檔[◎ 資料檔：範例 7-2]，此檔案可以做為結構方程模式徑路分析（第十三章）之用。

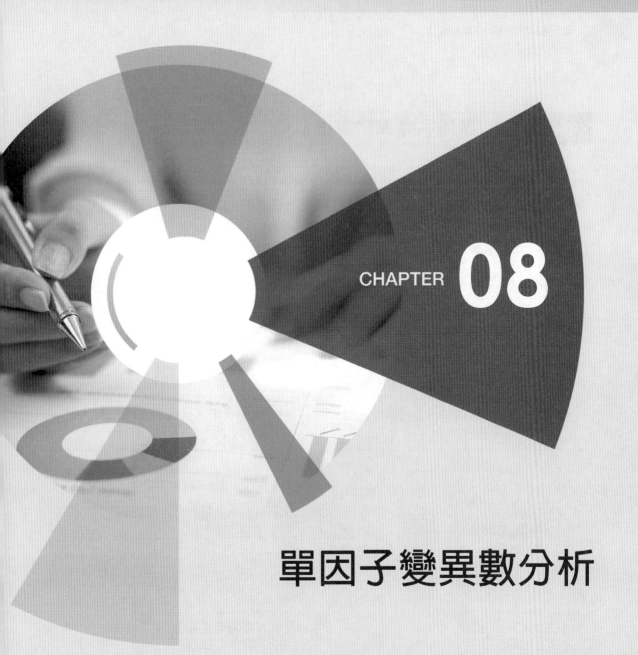

CHAPTER **08**

單因子變異數分析

8-1 單因子變異數概述

變異數分析（analysis of variance；簡稱 ANOVA）是檢定三組或三組以上的平均數差異顯著性，也就是檢定三組或三組以上相互獨立的群組，它們的期望值是否一樣，比較樣本與樣本間平均數的差異情況。如果只有一個自變項的變異數分析，稱為單因子變異數分析(One-Way ANOVA)。

單因子變異數檢定程序為：

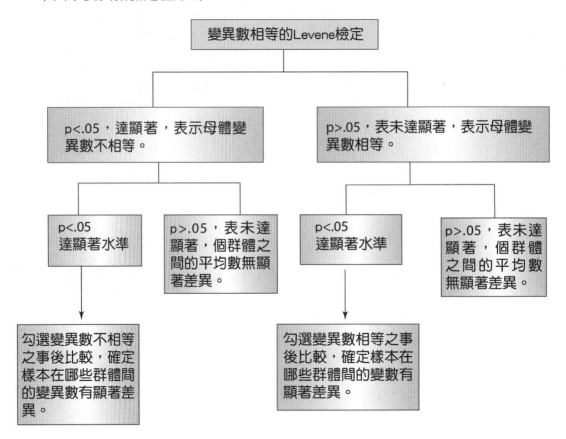

8-2 獨立樣本單因子變異數

獨立樣本單因子變異數分析為同一母群體的每一個樣本被隨機分配至 k 個不同的組別，也就是同一群母體，不同樣本，分別接受自變項的 k 個實驗中的一個實驗。

獨立樣本單因子變異數分析的計算公式為：

SST：總平方和（總變異）：

$$SST = \sum_{i=1}^{K} \sum_{j=1}^{n} (X_{ij} - \bar{X}..)^2$$
$$= \sum\sum X^2 - \frac{(\sum\sum X)^2}{N}$$

公式可化簡為 $SST = \sum X_i^2 - n\bar{X}^2$

SSB 組間平方和（群間變異）：

$$SSB = \sum_{i=1}^{K} n_i (X_{i.} - X..)^2$$

公式可化簡為 $$SSB = \frac{\sum(\sum X)^2}{n} - \frac{(\sum\sum X)^2}{N}$$

n 為每個群體的數量，N 為全部群體的總數量

SSW：組內平方和（群內變異）：

$$SSW = \sum\sum(X^2) - \frac{\sum(\sum X)^2}{n}$$

F=MSB/MSW

處理均方（群間均方）：

$$MSB = \sum_{i=1}^{K} n_i (X_{i.} - X..)^2 / k-1$$
$$= \frac{SSB}{k-1}$$

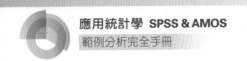

殘差均方（群內均方）：

$$MSW = SSW / N - k$$

總平方和(SST)＝處理平方和(SSB)＋殘差平方和(SSW)

總平方和之自由度(N–1)
＝處理平方和之自由度(k–1)＋殘差平方和之自由度(N–k)

F 值若大於研究者設定之臨界值，拒絕虛無假說，表示樣本與樣本間的平均數有差異。但並無傳達哪一個樣本與哪一個樣本的平均數有差異，所以我們可以用事後比較(post hoc comparison)，確定樣本在哪些實驗處理的平均數差異達顯著。

[◎ 資料檔：範例 8-1]

針對上課時可以使用手機的議題，該量表分別有大學生、專科生、高中生各 10 位同學填答，其五等量表的資料如下：

編號	大學(1)	$(1)^2$	專科(2)	$(2)^2$	高中(3)	$(3)^2$	總和
1	5	25	4	16	5	25	
2	4	16	3	9	4	16	
3	4	16	3	9	5	25	
4	5	25	4	16	4	16	
5	5	25	4	16	3	9	
6	5	25	5	25	5	25	
7	4	16	5	25	5	25	
8	4	16	4	16	4	16	
9	3	9	5	25	4	16	
10	4	16	4	16	5	25	
$\sum X$	43		41		44		128
$\overline{X}$	4.3		4.1		4.4		
$\sum(X^2)$		189		173		198	560
$(\sum X)^2 / n$	184.9		168.1		193.6		546.6
$(\sum\sum X)^2 / N$							546.133

$$SSB = 546.6 - 546.133 = 0.467$$

$$SST = 560 - 546.133 = 13.867$$

$$SSW = 560 - 546.6 = 13.4$$

ANOVA

		平方和	自由度	平均平方和	F 檢定	顯著性
上課時可以 使用手機	組間	.467(SSB)	2 (dfb)	.233(MSB)	.470	.630
	組內	13.400(SSW)	27(dfW)	.496(MSW)		
	總和	13.867(SST)	29			

變異來源	SS	df（自由度）	MS	F
組間（實驗處理）	SSB	dfb=k-1	SSB/ dfb	MSB/MSW
組內（殘差）	SSW	dfw=N-k	SSW/ dfw	
總和	SST	N-1		

註：N=30, k=3

SPSS 操作程序

步驟一：
比較平均
數法→單
因子變異
數分析

Ⓖ 圖 8-1 執行單因子變異數分析

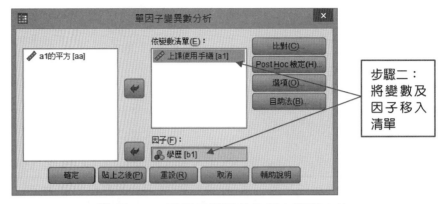

⊙ 圖 8-2　單因子變異數分析之對話方塊

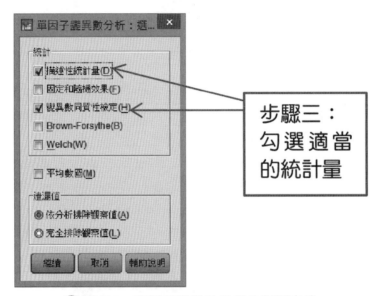

⊙ 圖 8-3　單因子變異數分析之對話方塊

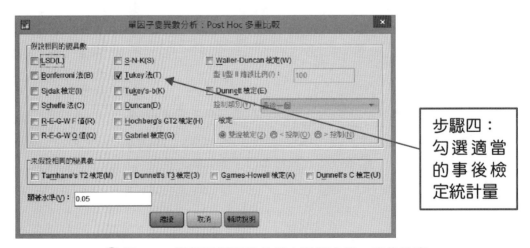

⊙ 圖 8-4　單因子變異數分析之對話方塊－事後檢定

| 報 | 表 | 分 | 析 |　　　　　　Applied Statistics

描述性統計量

上課使用手機

	個數	平均數	標準差	標準誤	平均數的 95% 信賴區間		最小值	最大值
					下界	上界		
大學	10	4.30	.675	.213	3.82	4.78	3	5
專科	10	4.10	.738	.233	3.57	4.63	3	5
高中	10	4.40	.699	.221	3.90	4.90	3	5
總和	30	4.27	.691	.126	4.01	4.52	3	5

變異數同質性檢定

對上課使用手機的看法

Levene 統計量	分子自由度	分母自由度	顯著性
.067	2	27	.935

ANOVA

上課使用手機

	平方和	自由度	平均平方和	F	顯著性
組間	.467	2	.233	.470	.630
組內	13.400	27	.496		
總和	13.867	29			

H_0： $\mu_a = \mu_b = \mu_c$

在 $\alpha = 0.05$ 的水準下， $F_{2,27,0.05} = 3.35$

$F = 0.233 / 0.496 = 0.470 < F_{2,27,0.05} = 3.35$ ，接受 H_0

不同學歷的學生，對上課時使用手機的看法，並無顯著差異，所以就不用進一步進行事後檢定。

多重比較一般採事後檢定法，有多種方法可依研究者之需要來做選擇：

1. LSD（最小顯著差異法 least significant difference）：適用於每一組樣本數相同的事後比較。

2. Tukey(HSD)法：適用於每一組樣本數相同的事後比較。以 HSD 法得到的顯著性會比 LSD 法來的高，即不容易拒絕 H_0。

3. Scheffe 法：適合用在每組樣本不相等的事後比較。若 ANOVA Table 顯示有顯著差異，事後以 Scheffe 法檢定，無法進一步確認有何差異時，可採用 Tukey(HSD) 法，或 LSD 法，因這兩種方法有較佳的檢定力，且檢定之嚴謹性也可被接受。

　　1.~3.是假設變異數相等時，常用的事後檢定方法，若假設變異數不相等時，可採用 4.~5.的事後檢定方法。

4. Dunnett's T3 法：調整零界值降低型一錯誤。

5. Games-Howell 法：此法之機率估計較 Dunnett's T3 法準確。

[⊙資料檔：範例 8-2]

研究者想了解「不同教育程度的受測者對曝光率（代言人可信度的構面）的看法是否有差異」？

在論文分析實務上，進行單因子變異數分析之前，要先確認因子每一分組的個數，是否有過少的的情況（例如只有 1 或 2 個樣本數），過少樣本數的組別，若為差異性的來源，會有客觀性的問題，此時，要整併分組，或再增加樣本數的收集，使每一組別的樣本數不要太少，實務上，各組樣本數的比例都大於 5%，數據分析較客觀。透過次數分配的統計方法，可以得到每一分組樣本數的百分比。

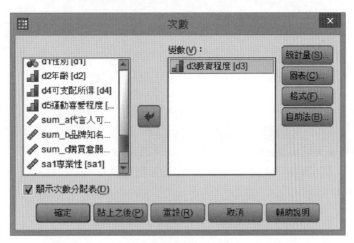

⊛ 圖 8-5　將教育程度作次數分配統計(1)

⊛ 圖 8-6　將教育程度作次數分配統計(2)

統計量

d3教育程度

個數	有效的	639
	遺漏值	0

d3教育程度

		次數	百分比	有效百分比	累積百分比
有效的	國中(含)以下	53	8.3	8.3	8.3
	高中(職)	76	11.9	11.9	20.2
	大學(專科)	389	60.9	60.9	81.1
	研究所(含)以上	121	18.9	18.9	100.0
	總和	639	100.0	100.0	

確定每一分組樣本數的百分比是合理的,再進行單因子變異數分析。

將教育程度分為:

國中(含)以下、(2)高中(職)、(3)大學(專科)、(4)研究所(含)以上,四種類別,先將 SPSS 資料檔的教育程度作數值註記。(圖 8-5)

點選分析(A)項下的比較平均數法(M),將滑鼠移至右邊第五個選項:單因子變異數分析(O)。

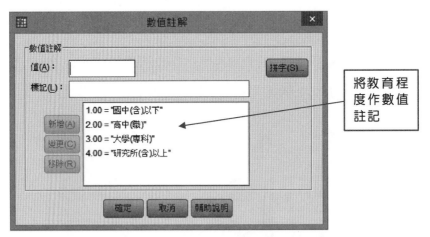

○ 圖 8-7　將 SPSS 資料檔的教育程度作數值註記

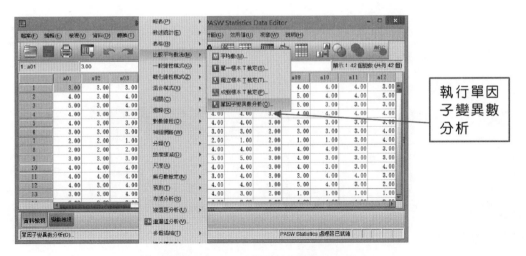

🐾 圖 8-8　執行單因子變異數分析

　　點選單因子變異數分析(O)，會出現單因子變異數分析之對話方塊，將變數清單中的曝光率移至右邊「依變數清單」的空白方格中，再從變數清單中點選「教育程度」，移至右下方「因子」的空白方格中。完成後，點選下方的選項(O)。

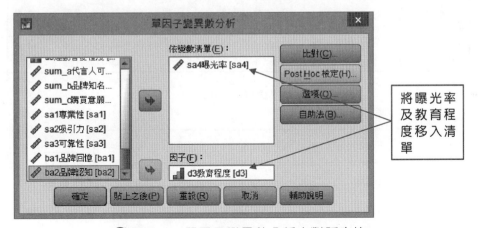

🐾 圖 8-9　單因子變異數分析之對話方塊

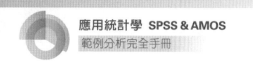
選取下方的選項(O)，出現單因子變異數分析：選項之次對話方塊，設定統計量及遺漏值，按下繼續鍵，會回到原對話方塊，點選確定鍵。

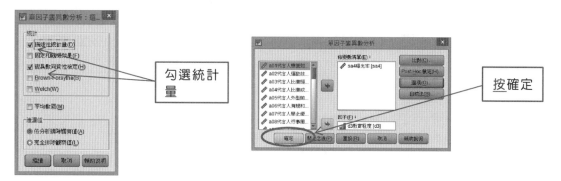

ⓒ 圖 8-10　單因子變異數分析之對話方塊

描述性統計量

sa4曝光率

	個數	平均數	標準差	標準誤	平均數的95% 信賴區間		最小值	最大值
					下界	上界		
國中(含)以下	53	3.2783	.90626	.12448	3.0285	3.5281	1.00	5.00
高中(職)	76	3.8355	.79640	.09135	3.6535	4.0175	2.00	5.00
大學(專科)	389	3.8470	.73090	.03706	3.7742	3.9199	1.00	5.00
研究所(含)以上	121	4.0269	.62065	.05642	3.9151	4.1386	1.00	5.00
總和	639	3.8326	.75607	.02991	3.7738	3.8913	1.00	5.00

變異數同質性檢定

sa4曝光率

Levene 統計量	分子自由度	分母自由度	顯著性
4.662	3	635	.003

ANOVA

sa4曝光率

	平方和	自由度	平均平方和	F	顯著性
組間	20.932	3	6.977	12.888	.000
組內	343.776	635	.541		
總和	364.708	638			

　　變異數是否相等的 Levene 檢定，p 值=0.003，變異數不相等，採用 Dunnett's T3 事後檢定法。

⚙ 圖 8-11　事後檢定法 Dunnett's T3 法

多組樣本單因子變異數分析報表

描述性統計量

sa4曝光率

	個數	平均數	標準差	標準誤	平均數的95% 信賴區間		最小值	最大值
					下界	上界		
國中(含)以下	53	3.2783	.90626	.12448	3.0285	3.5281	1.00	5.00
高中(職)	76	3.8355	.79640	.09135	3.6535	4.0175	2.00	5.00
大學(專科)	389	3.8470	.73090	.03706	3.7742	3.9199	1.00	5.00
研究所(含)以上	121	4.0269	.62065	.05642	3.9151	4.1386	1.00	5.00
總和	639	3.8326	.75607	.02991	3.7738	3.8913	1.00	5.00

ANOVA

sa4曝光率

	平方和	自由度	平均平方和	F	顯著性
組間	20.932	3	6.977	12.888	.000
組內	343.776	635	.541		
總和	364.708	638			

多重比較

sa4曝光率
Dunnett T3 檢定

(I) d3教育程度	(J) d3教育程度	平均差異 (I-J)	標準誤	顯著性	95% 信賴區間	
					下界	上界
國中(含)以下	高中(職)	-.55722*	.15441	.003	-.9711	-.1434
	大學(專科)	-.56874*	.12988	.000	-.9212	-.2163
	研究所(含)以上	-.74856*	.13667	.000	-1.1175	-.3796
高中(職)	國中(含)以下	.55722*	.15441	.003	.1434	.9711
	大學(專科)	-.01152	.09858	1.000	-.2758	.2528
	研究所(含)以上	-.19133	.10737	.378	-.4780	.0953
大學(專科)	國中(含)以下	.56874*	.12988	.000	.2163	.9212
	高中(職)	.01152	.09858	1.000	-.2528	.2758
	研究所(含)以上	-.17982*	.06750	.048	-.3589	-.0008
研究所(含)以上	國中(含)以下	.74856*	.13667	.000	.3796	1.1175
	高中(職)	.19133	.10737	.378	-.0953	.4780
	大學(專科)	.17982*	.06750	.048	.0008	.3589

*. 平均差異在 0.05 水準是顯著的。

將上述三個分析報表，整合為一個數據分析表：

不同教育程度對曝光率看法的差異

變項／構面	教育程度	平均數	F 值	p 值	事後比較 Dunnett's T3
曝光率	(1)國中	3.2783	12.888*	.000	(4)>(1)
	(2)高中	3.8355			(4)>(3)
	(3)大學	3.8470			(2)>(1)
	(4)研究所	4.0269			(3)>(1)

註：*表示 p<.05，達顯著水準。

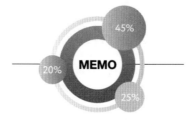

MEMO

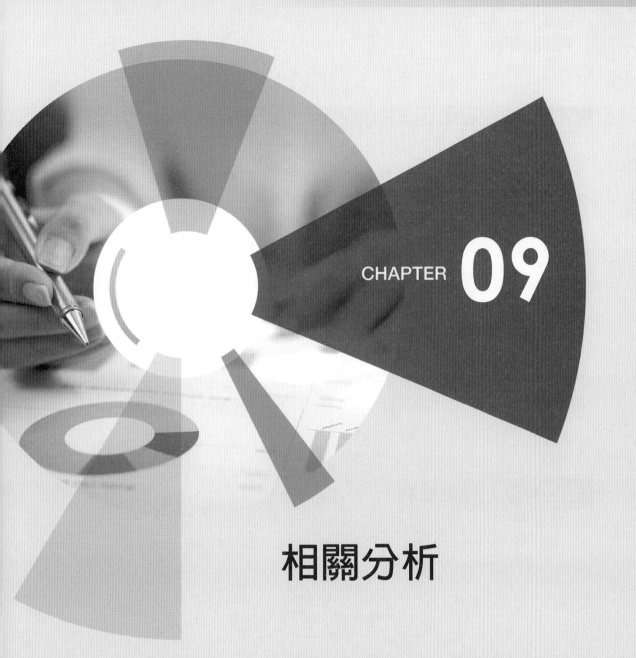

CHAPTER 09

相關分析

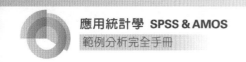
9-1 相關分析之概述

相關分析為探討變數與變數之間是否有相關，如果有相關，其相關性為正相關抑或是負相關，並分析變數之間相關聯之強度。

介於-1~0之間為負相關，例如：年紀越大，牙齒越少，若變數與變數之間負相關強度越強，會越接近-1，反之則越接近0。介於0~1之間為正相關，例如：收入越高，消費能力越高，若變數與變數之間正相關強度越強，會越接近1，反之則越接近0。如果剛剛好 $\gamma=0$，表示變數與變數之間為零相關，也就是毫無相關。

9-2 積差相關

積差相關為 Pearson 提出，也稱為皮爾森積矩相關係數(Pearson's product moment correlation coefficient)，其公式為：

$$r = \frac{\text{cov(x,y)}}{s_x s_y} = \frac{n\sum x_i y_i - \sum x_i \sum y_i}{\sqrt{n\sum x_i^2 - (\sum x_i)^2}\sqrt{n\sum y_i^2 - (\sum y_i)^2}}$$

cov(x,y)：為 x 及 y 的共變異數

s_x、s_y 分別是 x 與 y 的標準差

積差相關之特性為不受變項單位影響，變數與變數之間相關性越高，其相關係數(γ)越高，若 $\gamma=0$，則表示變數與變數之間無相關。

相關係數(γ)	相關定義
1.00	完全相關
.70 - .99	高度相關
.40 - .69	中度相關
.10 - .39	低度相關
.10 以下	極低度相關

計算 x、y 的相關係數（此資料為範例 9-1）

x	y	$\sum x$	$\sum y$	$\sum xy$	$\sum x^2$	$\sum y^2$
5,5,4,4,4, 4,5,4,5,4	5,5,3,4,4, 4,5,4,5,4	44	43	192	196	189

$$r = \frac{\text{cov}(x,y)}{s_x s_y} = \frac{10 \times 192 - 44 \times 43}{\sqrt{10 \times 196 - 44^2}\sqrt{10 \times 189 - 43^2}} = 0.893$$

計算出相關係數後，還要進一步檢定相關程度是否顯著，檢定統計量 t，為一自由度為 n-2 的 t 分配，其檢定公式如下：

H_0:r=0　　　（虛無假設）

H_1:r≠ 0　　　（對立假設）

以 t 檢定檢驗相關係數 $t = \frac{r\sqrt{n-2}}{1-r^2} = \frac{0.893\sqrt{10-2}}{1-0.893^2} = 12.47$

$t^*_{(n-2,0.025)} = t^*_{(10-2,0.025)} = 2.306$

12.47>2.306 達顯著水準

SPSS 執行範例 9-1，可直接看報表的顯著性，若小於 0.05，則代表相關程度達顯著水準。

另一方法：統計量 t=12.47，對應拒絕域的面積為 p 值，也可用 Excel 提供的公式，求的 p 值，p 值若小於 0.05，則代表相關程度達顯著水準。

Excel 提供的公式：TDIST(t, d, tail)

d 為自由度　tail 為雙尾貨單尾檢定

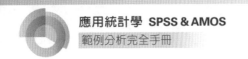

[◎資料檔：範例 9-1]

p 值：TDIST(12.47, 8, 2)=0.00000159 < 0.05，故達顯著水準（如圖 9-1）。

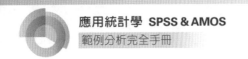

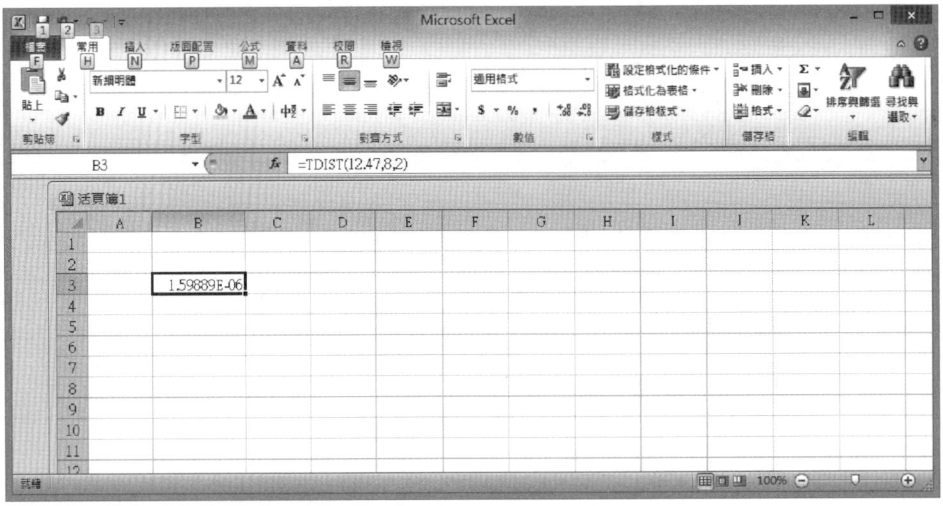

◎ 圖 9-1　用 Excel 公式求出 p 值

◎ 圖 9-2　範例 9-1SPSS 資料檔

C 圖 9-3 相關分析執行路徑

C 圖 9-4 相關分析之對話方塊

C 圖 9-5　選項之次對話方塊

相關分析統計報表：

描述性統計量

	平均數	標準差	個數
x	4.4000	.51640	10
y	4.3000	.67495	10

相關

		x	y
x	Pearson 相關	1	.893**
	顯著性 (雙尾)		.001
	叉積平方和	2.400	2.800
	共變異數	.267	.311
	個數	10	10
y	Pearson 相關	.893**	1
	顯著性 (雙尾)	.001	
	叉積平方和	2.800	4.100
	共變異數	.311	.456
	個數	10	10

顯著性＜0.05

**. 在顯著水準為0.01時 (雙尾)，相關顯著。

由以上報表數據，相關係數亦可用以下二種公式得到：

1. $r=\dfrac{\operatorname{cov}(x,y)}{S_xS_y}=\dfrac{0.311}{0.51640\times0.67495}=0.893$

2. Pearson 積差相關係數＝

$$r=\frac{x與y叉積平方和}{\sqrt{x與x叉積平方和}\times\sqrt{y與y叉積平方和}}=\frac{2.8}{\sqrt{2.4}\times\sqrt{4.1}}=0.893$$

[資料檔：範例 9-2]

研究者想探討代言人可信度之專業性、吸引力、可靠性與曝光率是否相關？

開啟 SPSS 檔，點選分析(A)項下之相關(C)右邊第一個選項雙變數(B)，出現雙變數相關分析之對話方塊。

	名稱	類型	寬度	小數	標記	值	遺漏	欄	對齊	測量	角色
28	c04	數字的	8	2	c04購買可能性很高	{1.00...	無	8	靠右	尺度(S)	輸入
29	d1	數字的	8	2	d1性別	{1.00...	無	8	靠右	名義(N)	輸入
30	d2	數字的	8	2	d2年齡	{1.00...	無	8	靠右	次序...	輸入
31	d3	數字的	8	2	d3教育程度	{1.00...	無	8	靠右	次序...	輸入
32	d4	數字的	8	2	d4可支配所得	{1.00...	無	8	靠右	次序...	輸入
33	d5	數字的	8	2	d5運動喜愛程度	{1.00...	無	8	靠右	次序...	輸入
34	sum_a	數字的	8	2	sum_a代言人可信度...	無	無	10	靠右	尺度(S)	輸入
35	sum_b	數字的	8	2	sum_b品牌知名度總分	無	無	10	靠右	尺度(S)	輸入
36	sum_c	數字的	8	2	sum_c購買意願總分	無	無	10	靠右	尺度(S)	輸入
37	sa1	數字的	8	2	sa1專業性	無	無	10	靠右	尺度(S)	輸入
38	sa2	數字的	8	2	sa2吸引力	無	無	10	靠右	尺度(S)	輸入
39	sa3	數字的	8	2	sa3可靠性	無	無	10	靠右	尺度(S)	輸入
40	sa4	數字的	8	2	sa4曝光率	無	無	10	靠右	尺度(S)	輸入
41	ba1	數字的	8	2	ba1品牌回憶	無	無	10	靠右	尺度(S)	輸入
42	ba2	數字的	8	2	ba2品牌認知	無	無	10	靠右	尺度(S)	輸入

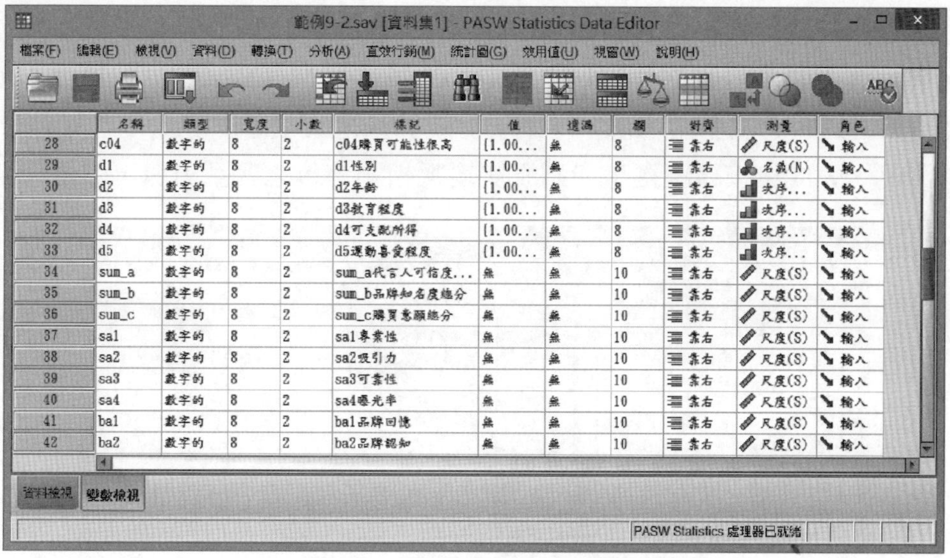

圖 9-6　範例 9-2 SPSS 資料檔

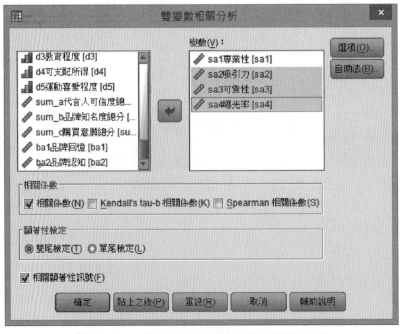

🅒 圖 9-7　範例 9-2　相關分析執行路徑

　　點選想分析之變數移至右邊變數(V)項下的空白方格，設定相關係數與顯著性檢定（此例點選皮爾森相關係數與雙尾檢定），在按下右下方之選項(O)鍵。出現雙變數相關分析：選項之次對話方塊，點選上方統計量之叉積離差與共變數矩陣(C)，並設定遺漏值，完成後按繼續鍵，回到原雙變數相關分析之對話方塊，點選確定鍵。

🅒 圖 9-8　範例 9-2　相關分析之對話方塊

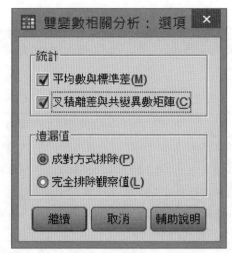

| 報 | 表 | 分 | 析 |　　　　　　　　Applied Statistics

1. 相關－描述性統計量

描述性統計量

	平均數	標準差	個數
sa1專業性	3.5477	.87080	639
sa2吸引力	3.7449	.65986	639
sa3可靠性	3.8705	.76944	639
sa4曝光率	3.8326	.75607	639

2. 相關係數

相關

		sa1專業性	sa2吸引力	sa3可靠性	sa4曝光率
sa1專業性	Pearson 相關	1	.492**	.452**	.477**
	顯著性 (雙尾)		.000	.000	.000
	叉積平方和	483.794	180.530	193.387	200.295
	共變異數	.758	.283	.303	.314
	個數	639	639	639	639
sa2吸引力	Pearson 相關	.492**	1	.560**	.543**
	顯著性 (雙尾)	.000		.000	.000
	叉積平方和	180.530	277.796	181.454	172.768
	共變異數	.283	.435	.284	.271
	個數	639	639	639	639
sa3可靠性	Pearson 相關	.452**	.560**	1	.672**
	顯著性 (雙尾)	.000	.000		.000
	叉積平方和	193.387	181.454	377.721	249.581
	共變異數	.303	.284	.592	.391
	個數	639	639	639	639
sa4曝光率	Pearson 相關	.477**	.543**	.672**	1
	顯著性 (雙尾)	.000	.000	.000	
	叉積平方和	200.295	172.768	249.581	364.708
	共變異數	.314	.271	.391	.572
	個數	639	639	639	639

**.在顯著水準為0.01時 (雙尾)，相關顯著。

　　上表為代言人可信度各構面之積差相關係數統計結果。由左上往右下斜之對角線值皆為 1，表變項自己與自己之相關係數，例如左上角題項 sa1 與題項 sa1 交叉之細格為 1，表示題項 sa1 與題項 sa1 之相關係數為 1（完全正相關）。sa1 與題項 sa2 之相關係數為 0.492，顯著性（p 值）為 0.000，達顯著相關。其餘兩兩構面之相關係數，判讀方式，皆與此例相同。

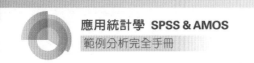

9-3 Spearman 等級相關

斯皮爾曼等級相關(Spearman rank order correlation coefficient)其比較適用於兩變項皆屬於次序尺度，其公式為：

$$\gamma_s = 1 - \frac{6\sum D_i^2}{N(N^2-1)}$$

N：有效樣本

D：二變項之名次差距

γ_s：相關係數

研究者欲使用斯皮爾曼分析檢驗兩位教授對 10 位學生口試的評比成績是否有相關性？不同型態的資料，要用適當的相關分析。

比率尺度型態資料（傳統分數評分），用皮爾森積差相關

學生	1	2	3	4	5	6	7	8	9	10
教授 A	87	60	78	65	93	51	56	34	82	75
教授 B	85	83	90	77	87	66	48	79	24	55

順序尺度型態資料（只列排序評分），用斯皮爾曼等級相關

學生	1	2	3	4	5	6	7	8	9	10
教授 A	2	7	4	6	1	9	8	10	3	5
教授 B	3	8	1	5	2	6	9	4	10	7

[⊙ 資料檔：範例 9-3]

開啟範例 9-3 的 SPSS 檔，點選分析(A)項下之相關(C)右邊第一個選項雙變數(B)，出現雙變數相關分析之對話方塊。

點選欲分析之變數移至右邊變數(V)項下的空白方格，設定相關係數與顯著性檢定（此例點選 Spearman 相關係數與雙尾檢定），在按下右下方之選項(O)鍵。出現雙變數相關分析：選項之次對話方塊，完成後按繼續鍵，回到原雙變數相關分析之對話方塊，點選確定鍵。

C 圖 9-10　範例 9-3 執行相關分析

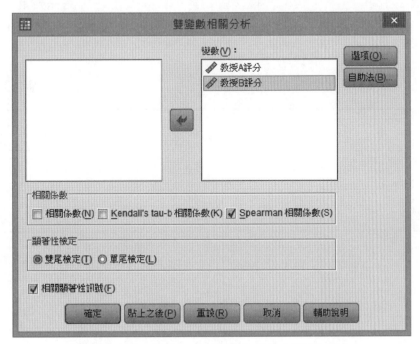

C 圖 9-11　範例 9-3 相關分析之次對話方塊

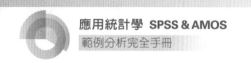
| 報 | 表 | 分 | 析 | Applied Statistics

相關

			教授A評分	教授B評分
Spearman's rho 係數	教授A評分	相關係數	1.000	.321
		顯著性 (雙尾)		.365
		個數	10	10
	教授B評分	相關係數	.321	1.000
		顯著性 (雙尾)	.365	
		個數	10	10

上表為兩為教授對十位學生的口試評比成績之 Spearman 相關係數統計結果。由左上往右下斜之對角線值皆為 1，表示教授 A 變項與教授 A 變項之相關係數為 1（完全正相關）；而右下角持續教授 B 變項與教授 B 交叉之細格為 1，表示教授 2 變項與教授 2 變項之相關係數為 1（完全正相關）。而由右上往左下斜之對角值為變數與另一變數之相關性，右上角為教授 2 變項與教授 1 變項之相關係數為 0.321（低度相關），顯著性為.365>.05，不顯著，表示兩位教授對十位學生的口試評比成績無相關性。

註：利用公式，求出 Spearman 相關係數

學生	1	2	3	4	5	6	7	8	9	10
教授 A	2	7	4	6	1	9	8	10	3	5
教授 B	3	8	1	5	2	6	9	4	10	7
排名差	-1	1	3	-1	-1	3	-1	6	-7	-2
（排名差）^{2}	1	1	9	1	1	9	1	36	49	4

$$r = 1 - \frac{6 \times 112}{10(10^2 - 1)} = 1 - 0.6789 = 0.321 \quad （排名差平方的總和＝112）$$

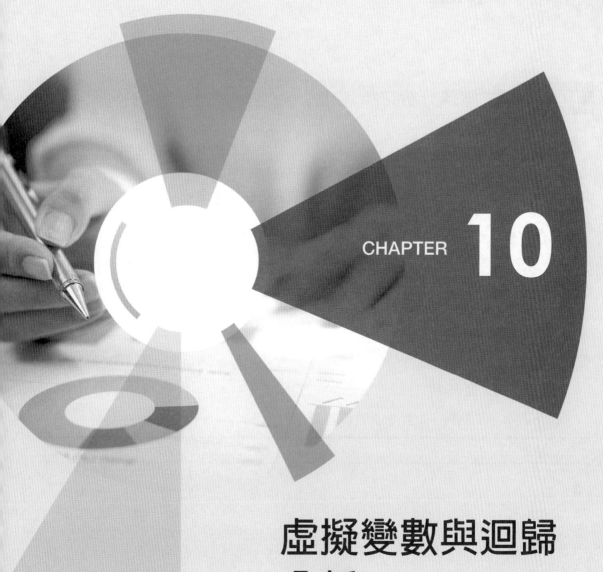

CHAPTER **10**

虛擬變數與迴歸分析

10-1 迴歸分析之概述

　　迴歸分析(regression analysis)有因果關係，其主要目的為檢驗是否可用一些自變項(X_1，X_2...)之線性方程式來解釋、了解或表示依變項(Y)，並檢測變項間之關係及關係之強度與方向和進行預測用途。且自變項與依變項必須都是連續變項。

$$y = ax + b$$

$$a = \frac{\sum xy - (\sum x \sum y)/n}{\sum x^2 - [(\sum x)^2/n]}$$

$$b = \frac{\sum y - a \sum x}{n}$$

[● 資料檔：範例 10-1]

以下表 X、Y 為例，a 與 b 的數值計算說明如下：

編號	x	y	x²	y²	xy
1	3.50	3.67	12.25	13.47	12.84
2	4.33	4.83	18.75	23.33	20.91
3	3.17	3.00	10.05	9.00	9.51
4	3.08	3.00	9.49	9.00	9.24
5	3.92	4.33	15.37	18.75	16.97
6	4.00	4.00	16.00	16.00	16.00
7	5.00	5.00	25.00	25.00	25.00
8	4.00	4.00	16.00	16.00	16.00
9	4.83	5.00	23.33	25.00	24.15
10	4.00	4.00	16.00	16.00	16.00
總和	39.83	40.83	162.23	171.55	166.63

敘述統計

	個數	最小值	最大值	總和	平均數	標準差
x	10	3.08	5.00	39.83	3.9830	.63128
y	10	3.00	5.00	40.83	4.0830	.73317
xx	10	9.49	25.00	162.23	16.2229	5.09988
yy	10	9.00	25.00	171.55	17.1547	5.90991
xy	10	9.24	25.00	166.63	16.6632	5.43537
有效的 N (完全排除)	10					

$$a = \frac{166.63 - (39.83 \times 40.83)/10}{162.23 - (39.83)^2/10} = 1.117$$

$$b = \frac{40.83 - 1.117 \times 39.83}{10} = -0.365$$

迴歸分析

○ 圖 10-1　範例 10-1　執行迴歸分析

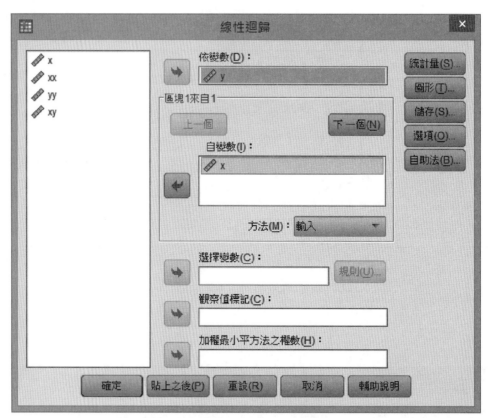

ⓒ 圖 10-2　範例 10-1 線性迴歸對話方塊

變異數分析表

Anova[b]

模式		平方和	df	平均平方和	F	顯著性
1	迴歸	4.476	1	4.476	98.908	.000[a]
	殘差	.362	8	.045		
	總數	4.838	9			

a. 預測變數:(常數), x

b. 依變數: y

迴歸係數表

係數[a]

模式		未標準化係數		標準化係數	t	顯著性
		B 之估計值	標準誤差	Beta 分配		
1	(常數)	-.366	.452		-.810	.441
	x	1.117	.112	.962	9.945	.000

a. 依變數: y

10-1-1　迴歸分析之基本假設

進行迴歸分析時迴歸模式必須符合迴歸分析的基本假設。

1. 固定變項假設(fixed variable)

進行迴歸分析時，自變數通常是依前人的理論所挑選出來的，也就是每一個樣本在自變數的值具有固定的數值，並視為已知數，而非隨機抽取的(non-stochastic)。

2. 常態性假設(normality)

此為迴歸分析中一重要之假設，誤差需呈常態，即 $E(\varepsilon_i)$，也就是說預計與實際之間的差距稱為殘差項，而殘差 ε_i 為常態隨機變數，假設迴歸的線性方程式為 $Y = \beta_1 X_1 + \beta_2 + X_2 + \varepsilon_i$，殘差 ε_i 為常態隨機變數，則 Y 也應呈常態分配。

3. 獨立性假設(independence)

此獨立性假設意旨殘差項除了需呈常態外，還必須為獨立的，彼此間毫無相關的，也就是無自我相關(non-autocorrelation)。若變項與變項之屬性相近，會扭曲迴歸方程式，導致結果失真。

4. 分散性假設(homoscedasticity)

分散性假設是指其變異量應相等，也有學者稱此假設為變異數齊一性，即 $E(\varepsilon_i^2) = \sigma^2$。若違反此一假設，稱為變異數不齊一性(heteroscedasticity)，變異數不齊一性的問題最常出現在橫斷面的資料中，當殘差值隨著自變項的變化而越來越大或越小時，變異數不齊一性的問題就常出現。

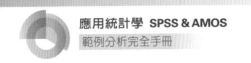
10-1-2 共線性(collinearity)問題

1. 判定係數(coefficient of determination)

檢定適合度(goodness of fit)最常使用判定係數或稱決定係數，R^2。可以得知迴歸模型結果之解釋力高或低，R^2介於 0 到 1 間，如果 R^2 越高，表示迴歸模型之解釋力越好，也就是說自變項對依變項之特性解釋力越好，且 R^2 越高，迴歸模型之 F 值檢定也越能達到顯著，迴歸模型達到顯著表示整個迴歸模型中，至少有一個自變項與依變項之關係達顯著。

2. 變異數波動因素（variance inflation factor；簡稱 VIF）

容忍度(tolerance)為 $1-R^2$，變異數波動因素為容忍度之倒數：

$$VIF = \frac{1}{1-R^2}$$

變異波動因素值越高，表示容忍度越小，共線性問題就越嚴重，或變異波動因素值 > 10，表示自變項之間有高度線性重合的問題。

3. 條件指數（conditional index；簡稱 CI）

CI 值越高，表示自變項間之貢獻性問題越嚴重。1997 年 Tacq 學者提出，CI 為最大特徵值與個別特徵值比例的平方根，CI 值如果在 15 以上，表示可能有多元共線性問題；若在 30 以上，則表示有嚴重共線性問題。

10-2 虛擬變數之概述

迴歸分析中，自變項皆屬於等距變項以上之量化變項，若研究者想以名義變項或尺度變項當作測量單位（如：性別、教育程度、黨派…），則必須在投入迴歸分析前將變項轉換為虛擬變項(dummy variable)，虛擬變項之建立會隨著名義變項或次序變項之項目數別而變，如果間變變項（名義變項或次序變項）有 N 個，則虛擬變項會有 N-1 個。以年資舉例說明：

1.□1 年以下　2.□1~3 年　3.□3~5 年　4.□5 年以上

原變項（參與年資）	虛擬變項 1	虛擬變項 2	虛擬變項 3
3	0	0	1
4	0	0	0
2	0	1	0
1	1	0	0

　　虛擬變項為一個二分變項，通常具變項之特性為 1，不具變項之特性為 0，也就是說，是＝ 1，不是＝ 0。為何虛擬變項為 N-1 組（本例為 4-1 = 3 組）？因為上表之三個虛擬變項各代表：1.□1 年以下、2.□1~3 年、3.□3~5 年，如在表上虛擬變項皆為 0 的，則表示它不具 1.、2.、3.之特性，是屬於 4.□5 年以上。

　　如下表：

原變項	虛擬變項 1	虛擬變項 2	虛擬變項 3
4	0	0	0

　　而在上表之範例中，年資五年以上便為參照組(reference group)。

　　選擇參照組應注意的事項：

1. 參照組定義應明確。

2. 選擇等級最高或最低之類別變項，可以有順序的與參照組相比各類別之迴歸係數；或選擇等級居中之類別變項，可有效觀察達顯著之係數。

3. 參照組之樣本數應適中，不應過多或過少。

10-3　虛擬變數之迴歸分析

　　欲探討受測者是否會因為性別而影響品牌認知。本例設性別分類：1.□男性、2.□女性，屬於類別變項，應轉換為虛擬變項，將男性設為參照組。開啟 SPSS 檔，點選轉換(T)項下之重新編碼成不同變數(R)，出現重新編碼成不同變數之對話方塊。

[⊙ 資料檔：範例 10-2]

Ⓒ 圖 10-3　範例 10-2　重新編碼為另一虛擬變數

在新舊值之空白方格中輸入虛擬變項之名稱（虛擬變項之名稱設為 dd1），再將男性設為 1，女性設 2（如圖 10-4）

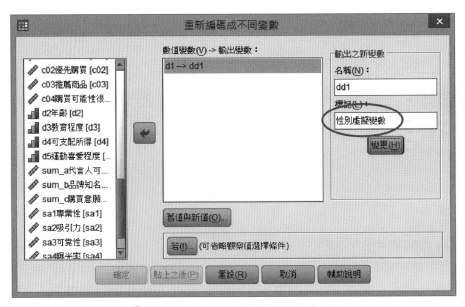

Ⓒ 圖 10-4　輸入虛擬變數的名稱

圖 10-5　設定虛擬變數的數值

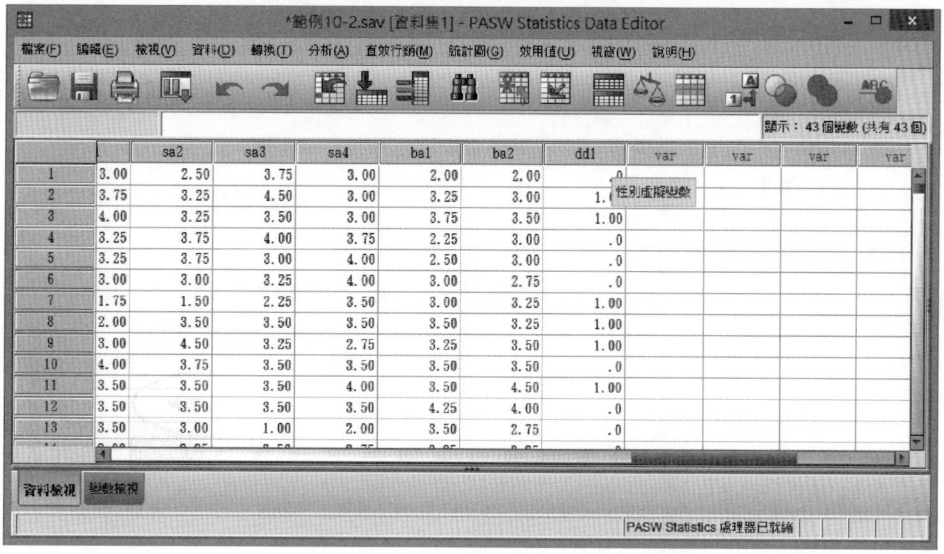

圖 10-6　設定完成之虛擬變數

　　類別變項轉換成虛擬變項完成後，執行迴歸分析，點選分析(A)項下之迴歸方法
(R)右邊之第一個選項，線性(L)，出現線性迴歸之對話方塊。

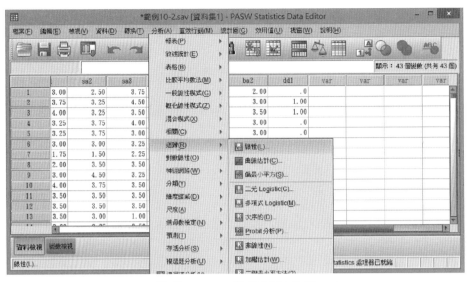

🅒 圖 10-7　執行迴歸分析

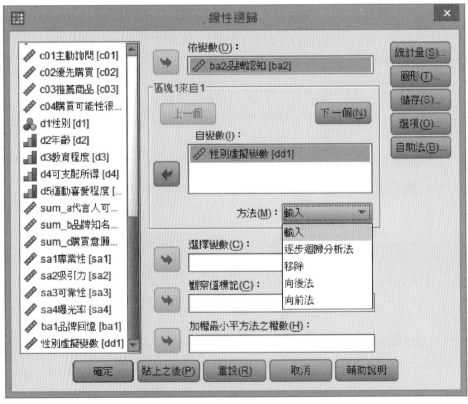

🅒 圖 10-8　線性迴歸之對話方塊

　　將品牌認知變項移至右邊依變數(D)之空白方格中，再將虛擬變項 dd1 移至右邊下方之自變數(I)空白方格中，設定方法(M)，選輸入法。

SPSS 的迴歸方法有五種設定：

1. 輸入變數法(Enter)：設定讓所有變數均進入迴歸分析。

2. 逐步迴歸分析法(Stepwise)。

3. 刪除法(Remove)：設定強迫剔除在迴歸分析中的某些變數。

4. 向後法(Backward)：根據排除變數的標準，剔除變數，直到符合標準。

5. 向前法(Forward)：根據選取變數的標準，選取變數，直到符合標準。

點選線性迴歸之對話方塊下方之統計量(S)鍵，出現線性迴歸：統計量之次對話方塊，勾選模式適合度、R 平方改變。

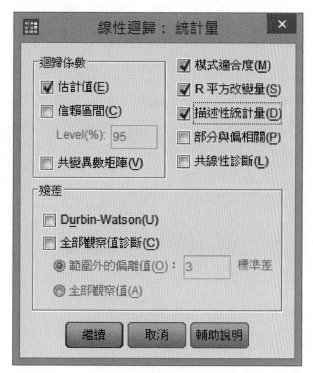

☝ 圖 10-9　線性迴歸：統計量之次對話方塊

1. 迴歸

敘述統計

敘述統計

	平均數	標準離差	個數
ba2品牌認知	3.8709	.68940	639
性別虛擬變數	.5149	.50017	639

上表為依變項品牌認知及虛擬變項（性別）之敘述性統計量，表中包含平均數、標準差及個數，有效樣本個數為 639。

2. 相關

相關

		ba2品牌認知	性別虛擬變數
Pearson 相關	ba2品牌認知	1.000	.011
	性別虛擬變數	.011	1.000
顯著性(單尾)	ba2品牌認知	.	.388
	性別虛擬變數	.388	.
個數	ba2品牌認知	639	639
	性別虛擬變數	639	639

相關表中包含了三部分：Pearson 相關、顯著性（單尾）、個數。Pearson 相關為積差相關係數，品牌認知及性別虛擬變項呈現正相關，為.388。

3. 選入／刪除的變數

選入/刪除的變數[b]

模式	選入的變數	刪除的變數	方法
1	性別虛擬變數 [a]	.	選入

a. 所有要求的變數已輸入。

b. 依變數: ba2品牌認知

上表為迴歸分析之訊息，選入一個自變數性別虛擬變項，依變數為品牌認知。

4. 模式摘要

模式摘要

模式	R	R 平方	調過後的 R 平方	估計的標準誤	變更統計量				
					R 平方改變量	F 改變	df1	df2	顯著性F 改變
1	.011[a]	.000	-.001	.68990	.000	.081	1	637	.776

a. 預測變數:(常數), 性別虛擬變數

上表為迴歸分析之模式相關摘要，自變項為性別虛擬變項，R 相關係數為.011，R^2 為.000，調整後之 R^2 為-.001。

5. 變異數分析

Anova[b]

模式		平方和	df	平均平方和	F	顯著性
1	迴歸	.038	1	.038	.081	.776[a]
	殘差	303.185	637	.476		
	總數	303.224	638			

a. 預測變數:(常數), 性別虛擬變數

b. 依變數: ba2品牌認知

上表為迴歸變異數分析之結果，迴歸模型之 F 檢定值為.081，顯著性（p 值）為.776 > .05，未達顯著，表示自變項（性別）對依變項（品牌認知）未達顯著影響。也就是說，受測者不會因為性別的因素而影響品牌認知。

6. 係數

係數[a]

模式		未標準化係數		標準化係數		
		B 之估計值	標準誤差	Beta 分配	t	顯著性
1	(常數)	3.863	.039		98.585	.000
	性別虛擬變數	.016	.055	.011	.284	.776

a. 依變數: ba2品牌認知

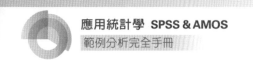

　　上表為係數表，常數項為 3.863，未標準化之迴歸係數為 0.016，標準化迴歸係數為 0.011，t 值 = 0.248。上表若標準化迴歸係數值越大，自變項對依變項越具重要性。但 p 值為.776 > .05，未達顯著，受測者不會因為性別的因素而影響品牌認知。

　　一般而言，盡量少用類別變數作為依變數，若要使用，也要先轉換成虛擬變數，但往往因與依變數的關係性不夠，所以，迴歸方程式之變異數分析表(ANOVA)常得到顯著性（p 值）> .05 的結果，代表方程式不成立。

CHAPTER 11

徑路分析

11-1 徑路分析之概述

徑路分析(path analysis)為一種統計方法，利用迴歸分析的方法，探討變數與變數間之因果關係，但徑路分析不是發現變數間因果關係的方法，它只能對研究者所提出之因果模式做檢驗，驗證研究者所提出之因果模式是否適當。其主要目的是將研究者所提出之因果關係以及影響在變項與變項之間之共變關係做檢驗，所以採用徑路分析之前，研究者必須先提出一個嚴謹的並具說服力之理論架構，否則系統跑出之數據不具任何意義。

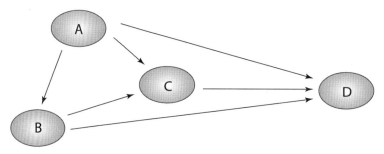

C 圖 11-1　徑路分析之釋例

變項與變項間的影響包含了間接效果(indirect effect)與直接效果(direct effect)，圖 11-1 C 變項對 D 變項即為直接效果，因為在他們之間沒有其他中介變數的存在；而 A 變項對 D 變項即為間接效果，A 變項可能先影響到 B、C 兩個變項，進而對 D 變項產生影響，間接效果之影響路徑較多元，會夾雜著中介變數。若從路徑 B 至 D 來說，D 為依變數，也就是因果關係中的果(effect)，而 B 為自變數，也就是因果關係中的因(cause)；若從路徑 A 至 D 來說，D 為依變數，A 為自變數；若從路徑 A 至 C 至 D 來說，A 為自變數，D 為依變數，C 則為中介變數。也可以用方程式來表示：

$$Y_1(C) = \beta_1 X_1(A) + \beta_2 X_2(B) + \varepsilon_1$$
$$Y_2(D) = \beta_3 X_1(A) + \beta_4 X_2(B) + \beta_5 X_3(C) + \varepsilon_2$$

所以徑路分析也稱為同時方程式模式(simultaneous equation models)或結構方程式模式（structural equation models；簡稱 SEM）（以 AMOS 分析軟體解 SEM 較佳）。

徑路分析除了根據理論，用以形成假設性的因果關係徑路圖(path diagram)外，它必須符合下列五個基本假設：

1. 變項的測量水準必須在等距尺度以上。

2. 各變項間之殘差相互獨立，即 $E(\varepsilon_i \varepsilon_j) = 0$。

3. 變項間的因果關係是單向，互為因果關係不能成立(reciprocal causal)。

4. 變項間的關係是線性的(linear)、可加的(additive)及具因果關係。

5. 變項沒有測量誤差(measured without error)。

11-2　徑路分析之釋例

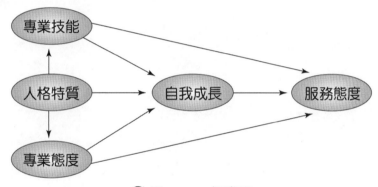

ⓒ 圖 11-2　徑路圖

　　先繪出一個之徑路圖(path diagram)，圖 11-2 研究者預測一個人的「自我成長」對變項「服務態度」為直接效果之影響，而個人的「人格特質」可能會先影響個人之「專業技能」、「專業態度」及「自我成長」，進而間接影響個人之「服務態度」。

[◉ 資料檔：範例 11-1]

　　首先開啟 SPSS 檔，點選分析(A)項下之迴歸方法(R)右邊第一個選項線性(L)，出現線性迴歸之對話方塊。

🌀 圖 11-3　執行徑路分析

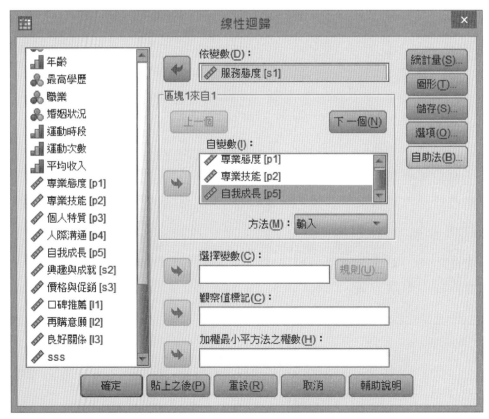

🌀 圖 11-4　線性迴歸之對話方塊（自變項為專業態度、專業技能、自我成長）

　　將依變項服務態度移至右邊依變數(D)空白方格中，將專業態度、專業技能及自我成長三個自變項移至右邊自變數(I)之空白方格中，並在下方法(M)中選取強迫進入變數法(Enter)，點選下方之統計量(S)，出現線性迴歸:統計量之次對話方塊。

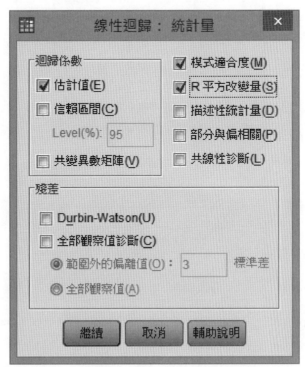

C 圖 11-5　線性迴歸：統計量之次對話方塊

　　點選欲知之迴歸係數，按右邊之繼續鍵，回到原線性迴歸之對話方塊，按確定鍵。

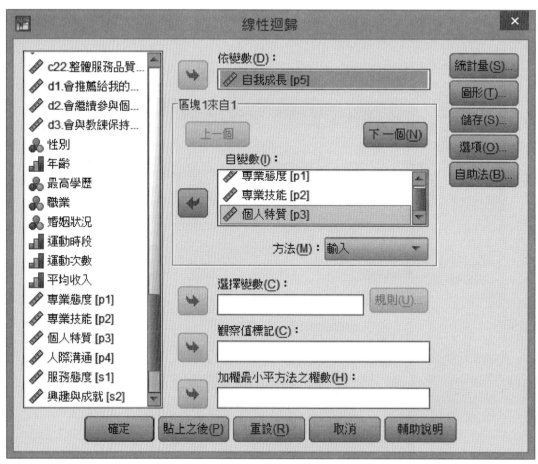

C 圖 11-6　線性迴歸之對話方塊（自變項為專業態度、專業技能、個人特質，依變項為自
我成長）

　　依照研究者預先設計之徑路圖之箭頭，將自我成長移至右邊依變數(D)之空白方
格，將三個變項專業態度、專業技能及個人特質移至右邊之自變項之空白方格，方
法選取強迫進入變數法，右邊之確定鍵。

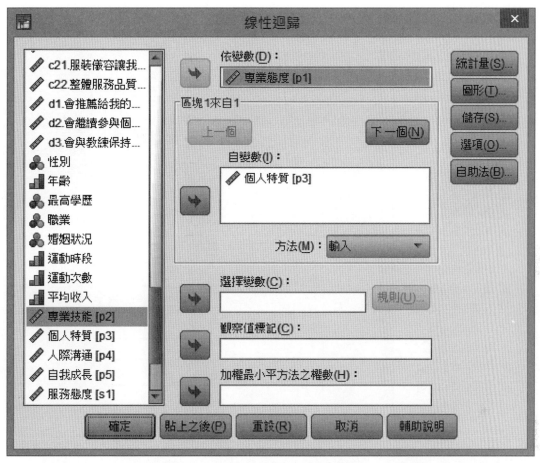

🅖 圖 11-7　線性迴歸之對話方塊（自變項為個人特質、依變項為專業態度）

　　一樣依照研究者預先設計之徑路圖之箭頭，再將專業態度移至右邊依變數(D)之空白方格，將變項個人特質移至右邊之自變項之空白方格，方法選取強迫進入變數法，點選右邊之確定鍵。而下方圖 11-8 也依循著箭頭，將專業技能移至右邊依變數(D)之空白方格，將變項個人特質移至右邊之自變項之空白方格，方法選取強迫進入變數法，點選右邊之確定鍵。

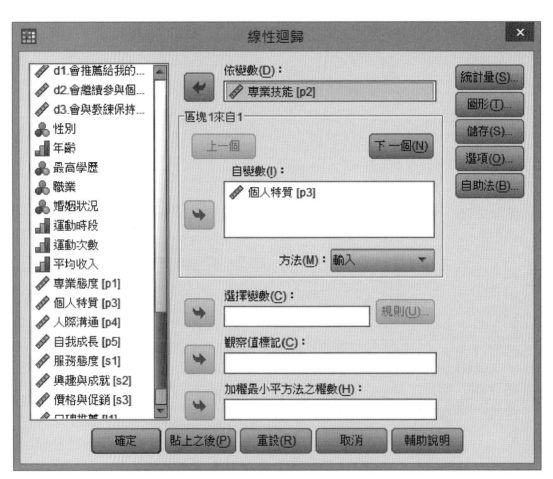

C 圖 11-8　線性迴歸之對話方塊（自變項為個人特質，依變項為專業技能）

| 報 | 表 | 分 | 析 | Applied Statistics

1. 以服務態度為依變數的迴歸方程式

(1) 迴歸

選入/刪除的變數[b]

模式	選入的變數	刪除的變數	方法
1	自我成長, 專業技能, 專業態度[a]	.	選入

a. 所有要求的變數已輸入。

b. 依變數: 服務態度

(2) 模式摘要

模式摘要

模式	R	R 平方	調過後的 R 平方	估計的標準誤	變更統計量				
					R 平方改變量	F 改變	df1	df2	顯著性F 改變
1	.699[a]	.488	.484	.31711	.488	109.015	3	343	.000

a. 預測變數:(常數), 自我成長, 專業技能, 專業態度

上表 R^2 (解釋變異量)為.488，調整後之 R^2 為.484，估計之標準誤為.31711，其殘差係數為 $\sqrt{1-R^2} = \sqrt{1-.488}$

(3) 變異數分析

Anova[b]

模式		平方和	df	平均平方和	F	顯著性
1	迴歸	32.887	3	10.962	109.015	.000[a]
	殘差	34.492	343	.101		
	總數	67.379	346			

a. 預測變數:(常數), 自我成長, 專業技能, 專業態度

b. 依變數: 服務態度

上表中，迴歸之 F 值為 109.015，p =.000 < .05，達顯著，表示預測變數：自我成長、專業技能、專業態度三個變數對依變數：服務態度有顯著的影響。

(4) 係數

係數[a]

模式		未標準化係數		標準化係數	t	顯著性
		B 之估計值	標準誤差	Beta 分配		
1	(常數)	1.281	.159		8.058	.000
	專業態度	.280	.056	.307	4.972	.000
	專業技能	.302	.054	.343	5.626	.000
	自我成長	.095	.040	.125	2.378	.018

a. 依變數: 服務態度

　　標準化迴歸係數之 Beta 分配其實就是徑路係數，預測變數：專業態度、專業技能、自我成長之徑路係數分別為.307、.343、.125，p 值皆 < .05，表示三個預測變數之徑路係數皆達顯著。

2. 以自我成長為依變數的迴歸方程式

(1) 迴歸

選入/刪除的變數[b]

模式	選入的變數	刪除的變數	方法
1	個人特質, 專業技能, 專業態度[a]	.	選入

a. 所有要求的變數已輸入。
b. 依變數: 自我成長

(2) 模式摘要

模式摘要

模式	R	R 平方	調過後的 R 平方	估計的標準誤	變更統計量				
					R 平方改變量	F 改變	df1	df2	顯著性F 改變
1	.686[a]	.471	.466	.42480	.471	101.743	3	343	.000

a. 預測變數:(常數), 個人特質, 專業技能, 專業態度

　　上表 R^2（解釋變異量）為.471，調整後之 R^2 為.466，估計之標準誤為.42480，其殘差係數為 $\sqrt{1-R^2} = \sqrt{1-.471}$。

(3) 變異數分析

Anova[b]

模式		平方和	df	平均平方和	F	顯著性
1	迴歸	55.080	3	18.360	101.743	.000[a]
	殘差	61.896	343	.180		
	總數	116.977	346			

a. 預測變數:(常數), 個人特質, 專業技能, 專業態度
b. 依變數: 自我成長

迴歸之 F 值為 101.743，p =.000 < .05，達顯著，表示預測變數：個人特質、專業技能、專業態度三個變數對依變數：自我成長有顯著的影響。

(4) 係數

係數[a]

模式		未標準化係數		標準化係數	t	顯著性
		B 之估計值	標準誤差	Beta 分配		
1	(常數)	.204	.233		.878	.380
	專業態度	.418	.074	.347	5.629	.000
	專業技能	.371	.069	.319	5.338	.000
	個人特質	.133	.057	.108	2.344	.020

a. 依變數: 自我成長

標準化迴歸係數之 Beta 分配（徑路係數），預測變數：專業態度、專業技能、個人特質之徑路係數分別為.347、.319、.108，p 值皆 < .05，表示三個預測變數之徑路係數皆達顯著。

3. 以專業態度為依變數的迴歸方程式

(1) 迴歸

選入/刪除的變數[b]

模式	選入的變數	刪除的變數	方法
1	個人特質[a]	.	選入

a. 所有要求的變數已輸入。
b. 依變數: 專業態度

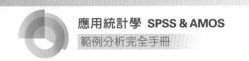
(2) 模式摘要

模式摘要

模式	R	R 平方	調過後的 R 平方	估計的標準誤	變更統計量				
					R 平方改變量	F 改變	df1	df2	顯著性F 改變
1	.512[a]	.263	.260	.41532	.263	122.823	1	345	.000

a. 預測變數:(常數), 個人特質

上表 R^2（解釋變異量）為.263，調整後之 R^2 為.260，估計之標準誤為.41532，其殘差係數為 $\sqrt{1-R^2} = \sqrt{1-.263}$

(3) 變異數分析

Anova[b]

模式		平方和	df	平均平方和	F	顯著性
1	迴歸	21.186	1	21.186	122.823	.000[a]
	殘差	59.509	345	.172		
	總數	80.695	346			

a. 預測變數:(常數), 個人特質
b. 依變數: 專業態度

迴歸之 F 值為 122.823，p =.000 < .05，達顯著，表示預測變數：個人特質對依變數：專業態度有顯著的影響。

(4) 係數

係數[a]

模式		未標準化係數		標準化係數	t	顯著性
		B 之估計值	標準誤差	Beta 分配		
1	(常數)	2.160	.190		11.384	.000
	個人特質	.521	.047	.512	11.083	.000

a. 依變數: 專業態度

標準化迴歸係數之 Beta 分配（徑路係數），預測變數：個人特質之徑路係數為.512，p 值為.000 < .05，表示預測變數之徑路係數達顯著。

4. 以專業技能為依變數的迴歸方程式

(1) 迴歸

選入/刪除的變數[b]

模式	選入的變數	刪除的變數	方法
1	個人特質[a]	.	選入

a. 所有要求的變數已輸入。
b. 依變數: 專業技能

(2) 模式摘要

模式摘要

模式	R	R 平方	調過後的 R 平方	估計的標準誤	變更統計量				
					R 平方改變量	F 改變	df1	df2	顯著性F 改變
1	.465[a]	.216	.214	.44412	.216	95.247	1	345	.000

a. 預測變數:(常數), 個人特質

上表 R^2（解釋變異量）為.216，調整後之 R^2 為.214，估計之標準誤為.44412，其殘差係數為 $\sqrt{1-R^2} = \sqrt{1-.216}$

(3) 變異數分析

Anova[b]

模式		平方和	df	平均平方和	F	顯著性
1	迴歸	18.786	1	18.786	95.247	.000[a]
	殘差	68.047	345	.197		
	總數	86.834	346			

a. 預測變數:(常數), 個人特質
b. 依變數: 專業技能

迴歸之 F 值為 95.247，p =.000 < .05，達顯著，表示預測變數：個人特質對依變數：專業技能有顯著的影響。

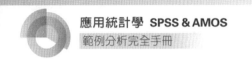
(4) 係數

係數[a]

模式		未標準化係數		標準化係數		
		B 之估計值	標準誤差	Beta 分配	t	顯著性
1	(常數)	2.245	.203		11.069	.000
	個人特質	.491	.050	.465	9.759	.000

a. 依變數: 專業技能

標準化迴歸係數之 Beta 分配（徑路係數），預測變數：個人特質之徑路係數為 .465，p 值為 0.000 < .05，以**表示預測變數之徑路係數達顯著。

5. 路徑分析之報表彙整

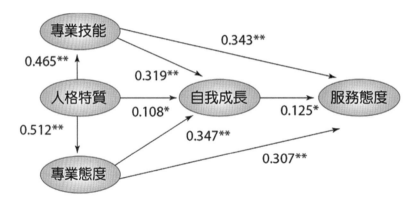

** 顯著值<0.01；* 顯著值<0.05

專業技能對服務態度的直接效果為 0.343

專業態度對服務態度的直接效果為 0.307

自我成長對服務態度的直接效果為 0.125

人格特質透過專業技能經過自我成長對服務態度的間接效果為

$$0.465 \times 0.319 \times 0.125 = 0.019$$

人格特質透過專業態度經過自我成長對服務態度的間接效果為

$$0.512 \times 0.347 \times 0.125 = 0.022$$

人格特質透過專業技能對服務態度的間接效果為

$$0.465 \times 0.343 = 0.159$$

人格特質透過專業態度對服務態度的間接效果為

$$0.512 \times 0.307 = 0.157$$

人格特質透過自我成長對服務態度的間接效果為

$$0.108 \times 0.125 = 0.014$$

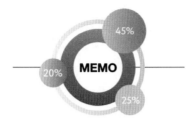

MEMO

CHAPTER **12**

中介變數與干擾變數

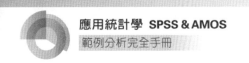
12-1 中介變數的定義

　　瀏覽學術論文，常看到論文架構中出現中介變數(mediator)與調節變數(moderator)。本書的第一章就有提到中介變數的成立，須符合嚴謹的條件。1986 Baron and Kenny 在其發表的論文，提出較為廣義的中介變數，亦即包含了部分中介的概念，本章節是以 SPSS 階層迴歸分析法來說明中介變數與調節變數是如何求得。結構方程模式也有檢定中介變數的方法，但較為繁複，一般學者較常利用階層迴歸分析法來解中介變數與調節變數。

　　根據 Baron and Kenny(1986)的論點，以迴歸模式驗證中介效果，須達成下列三項檢驗條件：(1)自變數顯著影響中介變數；(2)自變數與中介變數分別顯著影響依變數；(3)自變數與依變數的顯著關係，會在迴歸模式中置入中介變數之後，變得較不顯著，若自變數與依變數仍然有顯著關係，稱為部分中介；若自變數不會影響依變則稱為完全中介。

　　（參考來源：Baron, R. M., & Kenny, D. A. (1986). The moderator–mediator variable distinction in social psychological research: Conceptual, strategic, and statistical considerations. Journal of Personality and Social Psychology, 51(6), 1173-1182.）

12-2 中介變數之實例－SPSS

　　研究架構中介變數的畫法：

1. 直線路徑畫法

　　此法較強調品牌知名度是代言可信度與購買意願之間的中介變數。

2. 三角路徑畫法

此法較強調品牌知名度在代言可信度與購買意願之間的路徑關係。

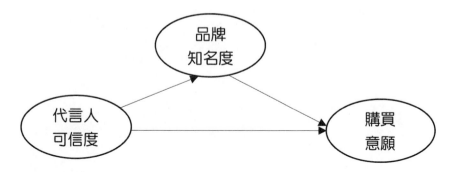

開啟[◎ 資料檔：範例 12-1]

Ⓒ 圖 12-1　開啟範例 12-1

第一階的自變數為代言人可信度，依變數為購買意願，按下一個按鈕，第二階
增加的自變數為品牌知名度。

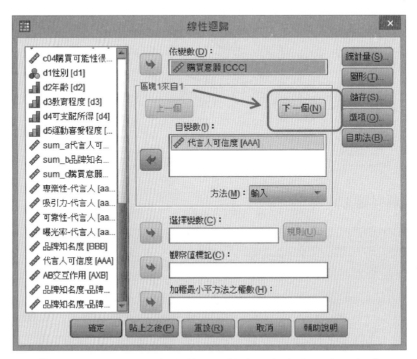

🅖 圖 12-2　階層迴歸：第一階的自變數為代言人可信度

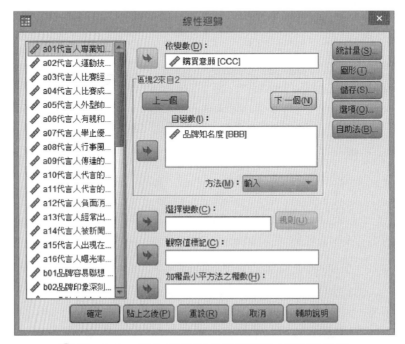

🅖 圖 12-3　第二階增加的自變數為品牌知名度

中介變數分析報表

係數ᵃ

模式		未標準化係數		標準化係數	t	顯著性	共線性統計量	
		B 之估計值	標準誤差	Beta 分配			允差	VIF
1	(常數)	1.747	.186		9.395	.000		
	代言人可信度	.411	.049	.316	8.396	.000	1.000	1.000
2	(常數)	.216	.181		1.197	.232		
	代言人可信度	.071	.046	.054	1.542	.123	.799	1.252
	品牌知名度	.717	.043	.583	16.578	.000	.799	1.252

a. 依變數: 購買意願

模式摘要

模式	R	R 平方	調過後的 R 平方	估計的標準誤	變更統計量				
					R 平方改變量	F 改變	df1	df2	顯著性F 改變
1	.316ᵃ	.100	.098	.76014	.100	70.500	1	637	.000
2	.609ᵇ	.371	.369	.63569	.272	274.838	1	636	.000

a. 預測變數:(常數), 代言人可信度
b. 預測變數:(常數), 代言人可信度, 品牌知名度

Anovaᶜ

模式		平方和	df	平均平方和	F	顯著性
1	迴歸	40.736	1	40.736	70.500	.000ᵃ
	殘差	368.069	637	.578		
	總數	408.805	638			
2	迴歸	151.798	2	75.899	187.823	.000ᵇ
	殘差	257.007	636	.404		
	總數	408.805	638			

a. 預測變數:(常數), 代言人可信度
b. 預測變數:(常數), 代言人可信度, 品牌知名度
c. 依變數: 購買意願

中介變數－數據彙整

通常會將數據彙整於一表格中，下表因書本版面寬度較小，所以排版時分成兩段。

中介變數：品牌之名度 階層迴歸分析表

自變數	第一階 購買意願（依變數）			第二階 購買意願（依變數）		
	β	t	p	β	t	p
代言人可信度	0.316	8.396	0.000	0.054	1.542	0.123
品牌知名度				0.583	16.578	0.000
R^2	0.100			0.371		
F	70.500			187.823		
p	0.000			0.000		
$\triangle R^2$	0.100			0.272		
$\triangle F$	70.500			274.838		
$\triangle p$	0.000			0.000		

第一階－自變數：代言人可信度，依變數：購買意願
第二階－自變數：代言人可信度、品牌知名度，依變數：購買意願

自變數	自變數→中介變數 品牌知名度（依變數）		
	β	t	p
代言人可信度	0.448	12.658	0.000
品牌知名度			
R^2			
F			
p			
$\triangle R^2$			
$\triangle F$			
$\triangle p$			

中介變數檢定說明

第一階資料

- 代言人可信度對購買意願（依變數）迴歸方程式，p 值為 0.000，小於 0.05，所以達到顯著，代言人可信度會影響購買意願。

自變數→中介變數

- 代言人可信度對品牌知名度（依變數）迴歸方程式，p 值為 0.000，小於 0.05，所以達到顯著，代言人可信度會影響品牌知名度。

第二階資料

- 代言人可信度對購買意願（依變數）迴歸係數，p 值為 0.123 p 值大於 0.05，所以是不顯著，當有「品牌知名度」存在時，會使得代言人可信度對購買意願（依變數）迴歸方程式不顯著。

- 品牌知名度對購買意願（依變數）迴歸係數，p 值為 0.000，小於 0.05，，所以達到顯著，品牌知名度會影響購買意願成立。由此得知，品牌知名度為中介變數。

- 中介變數提升解釋力達顯著水準。

- 解釋力(R^2)從第一階到第 2 階段的數值從 0.100 提升到 0.371，增加了 0.272，其增量亦達顯著水準，所以，品牌知名度為中介變數成立。

12-3 中介變數之實例－AMOS

　　研究架構—中介變數是以 AMOS 統計軟體操作（結構方程模式 Bootstrap 理論），有別於 SPSS 的階層迴歸分析方法。依據 Efron(1979)所提出的無母數統計推論法，使用 SEM 分析中介效果，以 Bootstrap 求得間接效果之信賴區間，如果信賴區間未包含 0，則稱有中介效果(Mackinnon, 2008)。SEM 判斷步驟：其一為間接效果在 95% 信賴區間內包含 0，未達顯著水準，表示無中介效果。其二為間接效果在 95%信賴區間內不包含 0，且達顯著水準，表示有中介效果。如果直接效果在 95%信賴區間內包含 0，表示直接效果不顯著，為完全中介效果。其三，間接效果與直接效果在 95%信賴區間內不包含 0，均達顯著水準；總效果在 95%信賴區間內不包含 0，達顯著水準，則為部分中介效果（鄭怡君、蔡俊傑，2016）。

開啟[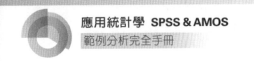 資料檔：範例 12-2]（範例 12-2 為 AMOS 資料，對應的是範例 12-3 為 SPSS 資料）

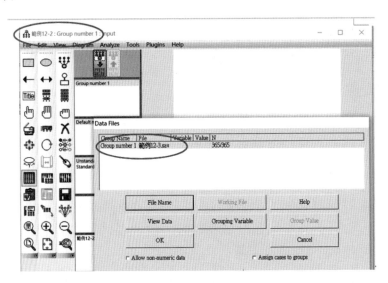

為方便 AMOS 軟體操作，範例 12-3　SPSS 資料的職場友誼、關係品質、幸福感，分別以 BBB、CCC、DDD 代替，如下圖所示。

	名稱	類型	寬度	小數	標記
46	DZ2	數字的	8	2	DZ2幸福感工作成就
47	DZ3	數字的	8	2	DZ3幸福感人際關係
48	DZ4	數字的	8	2	DZ4幸福感身心健康
49	BBB	數字的	8	2	BBB職場友誼總數
50	CCC	數字的	8	2	CCC關係品質
51	DDD	數字的	8	2	DDD幸福感

範例 12-2 開啟畫面，如下圖所示，BBB、CCC、DDD 是以方形圖示（觀察變數），不同於結構模式用橢圓圖示（潛在變數）呈現。點按分析內容作進一步的設定。

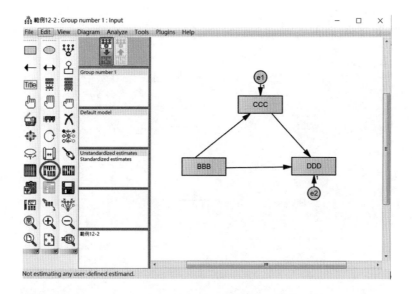

Output 設定如下：

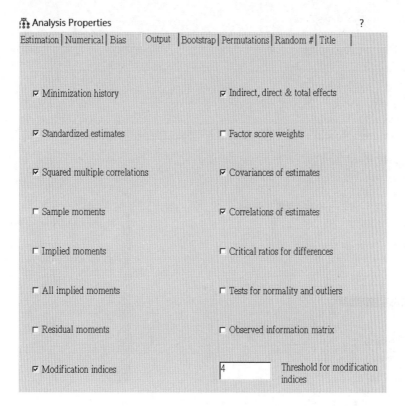

Bootstrap 設定如下：

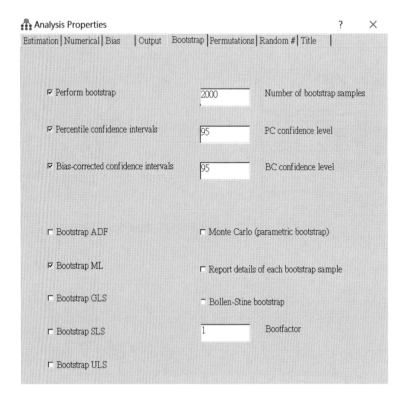

點按 Estimates/Scalars 項下的 Standardized Regression Weights，可得到各路徑回歸分析的標準化的估計值。

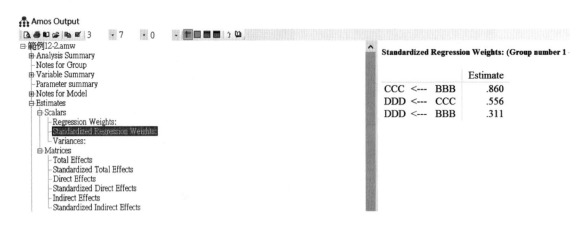

點按 Estimates/Matrices 可得總效果、直接效果、間接效果的標準化的估計值。

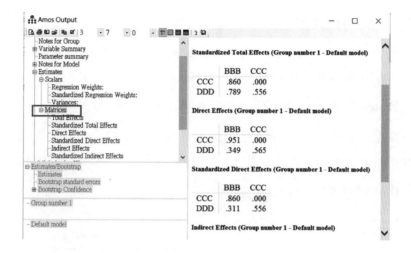

總效果、直接效果、間接效果的標準化的估計值。

Standardized Total Effects (Group number 1 - Default model)

	BBB	CCC
CCC	.860	.000
DDD	.789	.556

Direct Effects (Group number 1 - Default model)

	BBB	CCC
CCC	.951	.000
DDD	.349	.565

Standardized Direct Effects (Group number 1 - Default model)

	BBB	CCC
CCC	.860	.000
DDD	.311	.556

Indirect Effects (Group number 1 - Default model)

	BBB	CCC
CCC	.000	.000
DDD	.537	.000

Standardized Indirect Effects (Group number 1 - Default model)

	BBB	CCC
CCC	.000	.000
DDD	.479	.000

間接效果 BBB→DDD：0.860*0.556=0.479

總效果 BBB→DDD：0.311（直接效果）+0.479（間接效果）=0.790（個別計算因四捨五入，會與報表 0.789 有小數點的差距）

Bias-corrected 與 Percentile 的 95%信賴區間報表：

以總效果為例：先點按 Estimates/Matrices/Total Effects，再點按 Estimates/Bootstrap/Bias-corrected 或 Percentile method ，雙尾檢定的 p value。

總效果 Bias-corrected 報表：

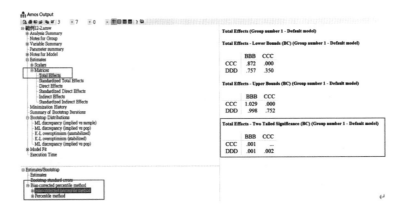

Percentile method 報表：

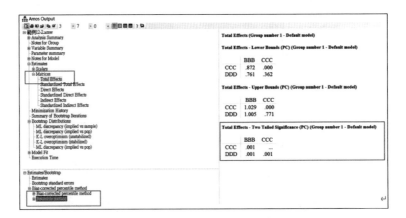

間接效果 Bias-corrected 報表：

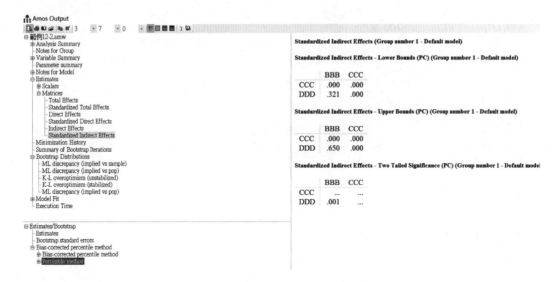

間接效果 Percentile method 報表：

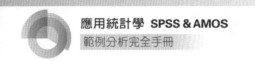
直接效果 Bias-corrected 報表：

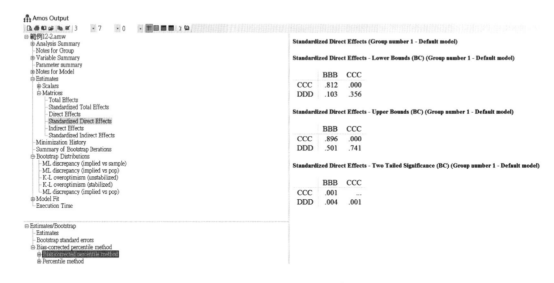

直接效果 Percentile method 報表：

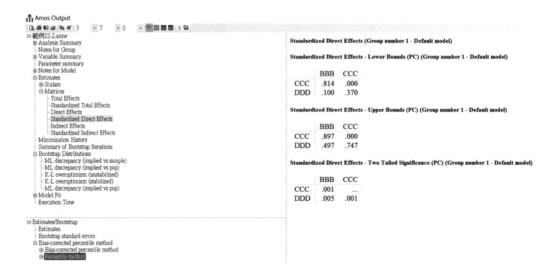

範例 12-2 的間接效果值為 0.479，且 Bias-corrected 與 Percentile 的 95%信賴區間皆不包含 0，p 值亦皆小於.05，代表關係品質確實於職場友誼及幸福感的關係間，扮演著顯著的中介效果。此外，「職場友誼→幸福感」的直接效果值為 0.311，Bias-corrected 與 Percentile 的 95%信賴區間皆不包含 0，p 值亦小於.05，故直接效果顯著。最後，「職場友誼→幸福感」的總效果 0.789，Bias-corrected 與 Percentile 的 95%信賴區間皆不包含 0，p 值亦小於.05，故總效果顯著。由以上說明顯示，關係品質確實於職場友誼與幸福感的關係間，扮演著顯著的中介角色，且其中效果為部分中介，分析數據彙整如下表所示：

結構方程模式 Bootstrap 理論－關係品質中介結果摘要表

	Estimate	95% Confidence Interval		
		BC/PC p value	BC	PC
Indirect effect				
職場友誼→關係品質→幸福感	0.479	0.001/0.001	0.312~0.643	0.321~0.650
Direct effect				
職場友誼→關係品質	0.640	0.001/0.001	0.812~0.896	0.814~0.897
職場友誼→幸福感	0.151	0.004/0.005	0.103~0.209	0.100~0.497
關係品質→幸福感	0.633	0.001/0.001	0.356~0.741	0.370~0.747
Total effect				
職場友誼→幸福感	0.789	0.001/0.001	0.757~0.998	0.761~1.005

BC: Bias-corrected percentile method

PC: Percentile method

12-4 干擾變數的定義

　　干擾變數亦稱調節變數，以下圖示為例，品牌知名度（連續變數）為代言人可信度影響購買意願路徑中的干擾變數，干擾變數可能會影響到自變數對依變數影響的方向或是強度。在實務上，干擾變數也有可能是類別變數（例如性別），但依變數一定是要連續變數。

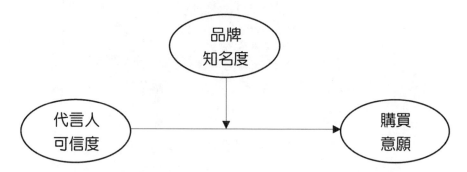

　　在實務上，是以階層迴歸法進行干擾變數的驗證，第一階是將自變數導入，第二階再導入自變數與中介變數的交互作用，操作方式，如 12-5 干擾變數之實例。

12-5 干擾變數之實例

開啟[● 資料檔：範例 12-1]，要新增一個代言人可信度(AAA)與品牌知名度(BBB)交互作用的欄位，可藉由轉換(T)→計算變數(C)得到。

● 圖 12-4　藉由計算變數新增欄位

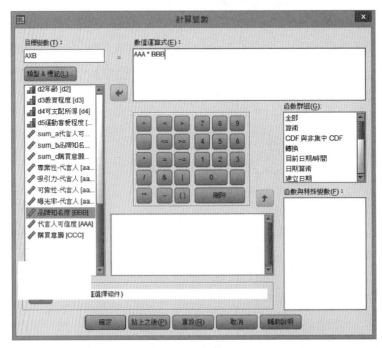

● 圖 12-5　建立代言人可信度(AAA)與品牌知名度(BBB)交互作用的欄位

ⓒ 圖 12-6　變數檢視代言人可信度與品牌知名度交互作用的欄位

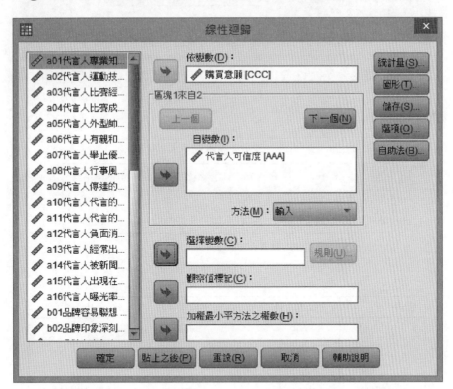

ⓒ 圖 12-7　階層迴歸：第一階的自變數為代言人可信度

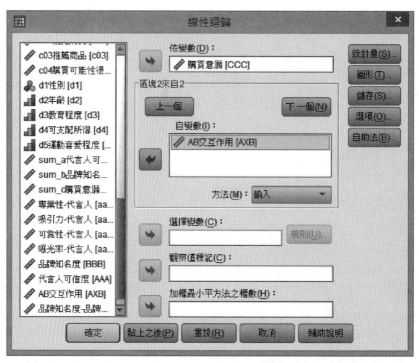

📖 圖 12-8　第二階增加代言人可信度與品牌知名度交互作用

干擾變數分析報表

模式摘要

模式	R	R 平方	調過後的 R 平方	估計的標準誤
1	.316[a]	.100	.098	.76014
2	.609[b]	.371	.369	.63569

a. 預測變數:(常數), 代言人可信度

b. 預測變數:(常數), 代言人可信度, 品牌知名度

Anova[c]

模式		平方和	df	平均平方和	F	顯著性
1	迴歸	40.736	1	40.736	70.500	.000[a]
	殘差	368.069	637	.578		
	總數	408.805	638			
2	迴歸	151.798	2	75.899	187.823	.000[b]
	殘差	257.007	636	.404		
	總數	408.805	638			

a. 預測變數:(常數), 代言人可信度

b. 預測變數:(常數), 代言人可信度, 品牌知名度

c. 依變數: 購買意願

係數[a]

模式		未標準化係數		標準化係數	t	顯著性
		B 之估計值	標準誤差	Beta 分配		
1	(常數)	1.747	.186		9.395	.000
	代言人可信度	.411	.049	.316	8.396	.000
2	(常數)	2.845	.170		16.689	.000
	代言人可信度	-.649	.077	-.498	-8.403	.000
	AB交互作用	.193	.012	.962	16.231	.000

a. 依變數: 購買意願

干擾變數－數據彙整

干擾變數：品牌知名度 階層迴歸分析表

自變數	第一階			第二階		
	依變數：購買意願			依變數：購買意願		
	β	t	p	β	t	p
代言人可信度	.316	8.396	.000	-0.498	- 8.403	.000
代言人可信度× 品牌知名度				0.962	16.231	.000
R^2	.100			.363		
F	70.500			181.493		
p	.000			.000		
$\triangle R^2$	.100			.264		
$\triangle F$	70.500			263.440		
$\triangle p$	.000			.000		

干擾變數檢定說明

第一階資料

- 代言人可信度對購買意願（依變數）迴歸方程式，p 值為 0.000，小於 0.05，所以達到顯著，代言人可信度會影響購買意願。

第二階資料

- 代言人可信度對購買意願（依變數）迴歸係數，p 值為 0.000，小於 0.05，所以達到顯著，代言人可信度會影響購買意願。

- 代言人可信度與品牌知名度之交互作用對購買意願（依變數）迴歸係數，p 值為 0.000，小於 0.05，所以達到顯著，且迴歸係數高達 0.962，代言人可信度與品牌知名度之交互作用會影響購買意願成立。由此得知，品牌知名度為干擾變數。

干擾變數提升解釋力，達顯著水準

- 解釋力(R^2)從第一階到第 2 階段的數值從 0.100 提升到 0.363，增加了 0.264，其增量亦達顯著水準，所以，品牌知名度為干擾變數（正向調節）成立。

干擾變數圖解方法

除了以階層迴歸法，檢視是否有干擾效果外，也可透過製作調節圖來檢視是否有干擾效果。製作調節圖的免費軟體「Interaction」，可以到「http://www.danielsoper.com/interaction/」下載安裝來使用，開啟[◎ **免費軟體 Interaction 下載點**.docx]。

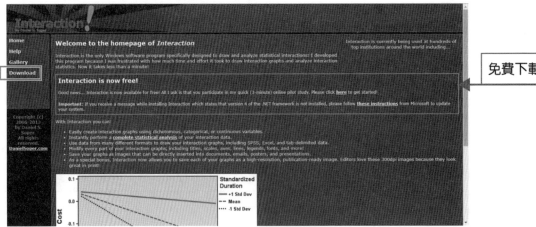

Interaction 軟體操作步驟如下：

開啓 Interaction 軟體

ⓒ 圖 12-9　Interaction 軟體首頁畫面

1. 點選「File」→選擇「New Interaction Analysis」。

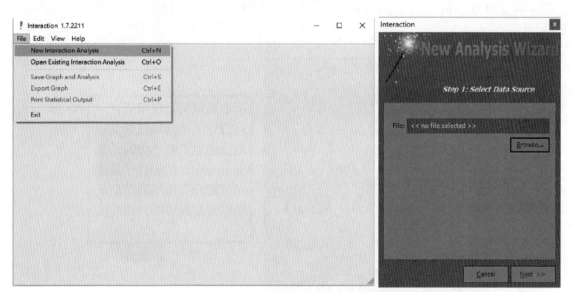

ⓒ 圖 12-10　選擇新的分析檔案畫面

開啓[◎資料檔：範例 12-1]

2. 宣告資料有無遺漏值，及遺漏值定義。

　　第一個選項是指資料無遺漏值。

　　第二個選項是指資料有遺漏值，此為系統遺漏值（遺漏值＝空白）。

　　第三個選項是指資料有遺漏值，此為使用者設定的遺漏值數值。

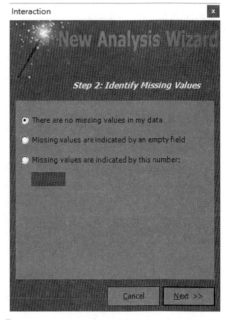

3. 將依變項、自變項、調節變項選入右邊的欄位中，最下方列可置入控制變項。

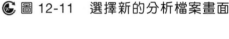
◖ 圖 12-11　選擇新的分析檔案畫面

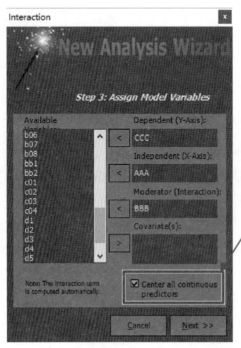

若模式有交互作用項時，且進行乘積的兩個變項若為連續變項時，必須先進 mean center 的動作，這樣可減緩交互作用項與原來兩個變項產生的共線性程度。

◖ 圖 12-12　將變數選入右邊的欄位中

4. 調節圖是在不同調節變項的水準之下,別畫出 X 對 Y 的迴歸線,預設值是以調節變項的平均數加減 1 倍標準差,如果想要讓調節效果看起來更明顯(調節圖顯示的效果),則可以選擇 ±3 倍的標準差。

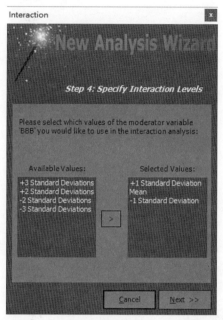

C 圖 12-13　選擇不同調節變項的水準

5. 按下「Finish」即完成分析。

C 圖 12-14　完成分析

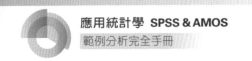

6. 左下角可選調節圖形或文字報表。

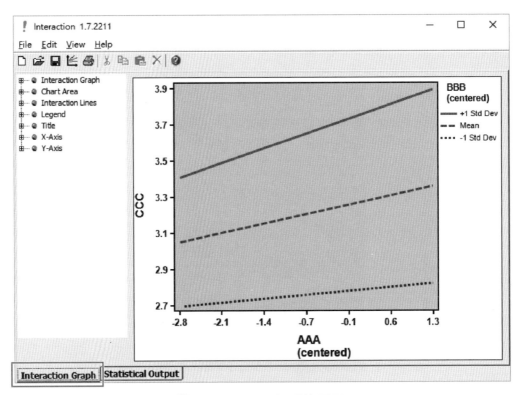

圖 12-15　選擇調節圖形

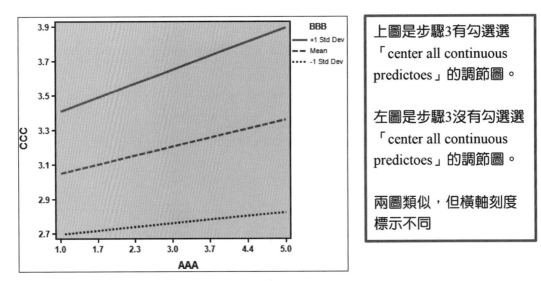

上圖是步驟3有勾選選「center all continuous predictoes」的調節圖。

左圖是步驟3沒有勾選選「center all continuous predictoes」的調節圖。

兩圖類似，但橫軸刻度標示不同

三條方程式，未呈現平行，代表 BBB（品牌知名度）有干擾效果。

（若為平行線，則不具干擾效果）

7. 點選 Export Graph 功能鈕，可將調節圖存檔。

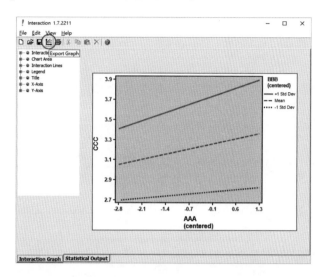

8. 文字輸出報表－ANOVA 表格。

　　模式摘要，包含解釋力 R2、交互作用項的貢獻度、方程式說明。變異數分析 (ANOVA)，用來檢驗迴歸模式是否達顯著水準。

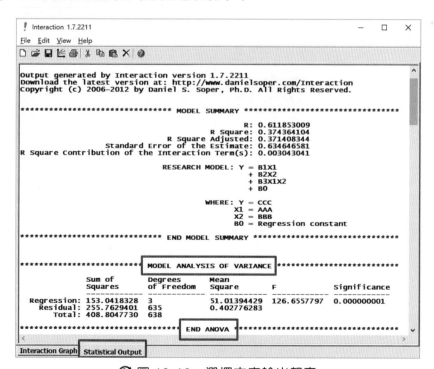

🌀 圖 12-16　選擇文字輸出報表

報表的描述性統計量,其中自變項與調節變項的平均數皆為 0,這代表分析軟體已將自變項與調節變項進行 mean center 的處理。

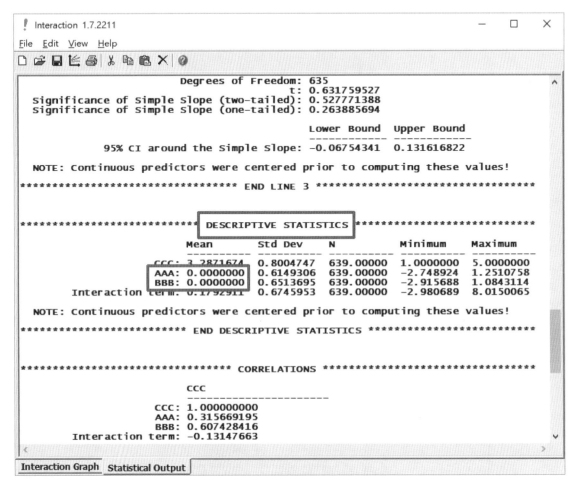

ⓒ 圖 12-17　報表的描述性統計

以階層迴歸法的迴歸數據,搭配 Interaction 軟體製作的調節圖,可以讓干擾變數的論證更容易呈現,是不錯的分析工具組合。

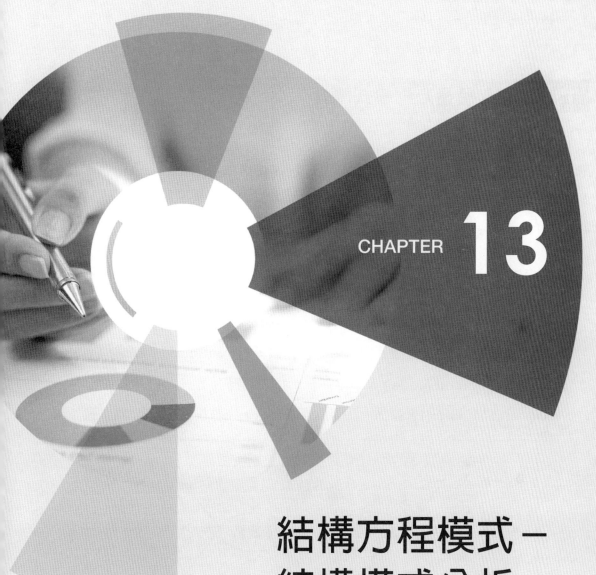

CHAPTER **13**

結構方程模式 －
結構模式分析

APPLIED STATISTICS

13-1 結構方程模式簡介

結構方程模式（structural equation modeling；簡稱 SEM）又稱為共變異數結構模式(covariance structure modeling)、線性結構關係模式(linear structural relations model)。結構方程式模式常用於徑路分析及驗證型因素分析。結構方程模式可分為測量模式(measurement model)和結構方程式(structural equation model)模式兩種模式：

1. 測量模式(measurement model)

敘述潛在變數或假設構念如何從觀察變數獲得；因此，可以敘述觀察變數之信度和效度，亦即敘述潛在變項與觀察變項之關係。在 SEM 中若僅是使用測量模式，沒有結構模式的迴歸關係假設，則是驗證性因素分析(confirmatory factor analysis)。

2. 結構模式(structural model)

敘述潛在變數間之因果關係，此即是徑路分析。完整模式，以圖 13-1 做說明。

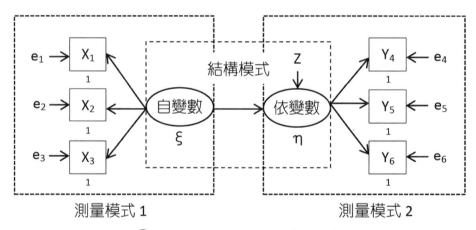

🄲 圖 13-1　測量模式與結構模式

圖 13-1 中測量變項 X_1、X_2、X_3 受到同一個潛在變項（自變數）的影響，形成獨立的測量模式，同樣的測量變項 Y_4、Y_5、Y_6 受到另一個潛在變項（依變數）的影響，形成另一個獨立的測量模式，並且兩潛在變項間有因果關係假設，以單向的箭頭來表示。而自變數到依變數則是一個結構模式，Z（殘差）為內因潛在變項在依變數無法被自變數解釋的干擾部分。

方形為觀察變數，可以直接測量。圓形或橢圓形則使用於敘述理論變數，一般情況下無法直接測量，稱為潛在變數 (latent variables)、構面(constructs)。潛在變數

若被假設為因者，稱為潛在自變數(latent independent variable)或外因潛在變數(exogenous latent variable)，通常使用 ξ (Xᵢ)符號表示；若假設為果者，稱為潛在依變數(latent dependent variable)或內因潛在變數(endogenous latent variable)，通常使用 η (eta)符號表示。

13-2 結構方程模式實例

1. 研究架構圖

在進行結構方程模式徑路分析之前，要根據文獻，建立研究假設及研究架構（如圖 13-2 及附錄二問卷），有明確的研究架構後，才能在 AMOS 軟體，建立理論模式徑路圖。

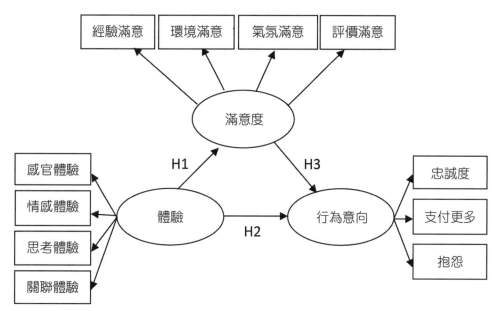

⑥ 圖 13-2 研究架構圖

H1：桃猿隊全猿主場現場觀眾體驗正向影響其滿意度。

H2：桃猿隊全猿主場現場觀眾體驗正向影響其行為意向。

H3：桃猿隊全猿主場現場觀眾滿意度正向影響其行為意向。

2. 理論模式徑路圖

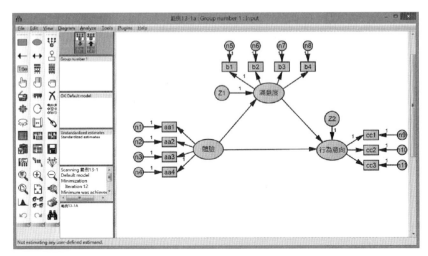

🅒 圖 13-3　理論模式徑路圖

　　繪製徑路模式圖，有二階或一階的畫法，若將驗證型因素分析建立的構面資料，視為觀察變項，便可簡化為一階的數學模式，方形的觀察變項要加上誤差項，橢圓形的潛在依變數要加上殘差項（如圖 13-3）。計算分析時，點選[🔘 資料檔：範例 13-1]，SPSS 資料檔，操作步驟詳見第 7 章。

3. 分析結果

(1) 估計值

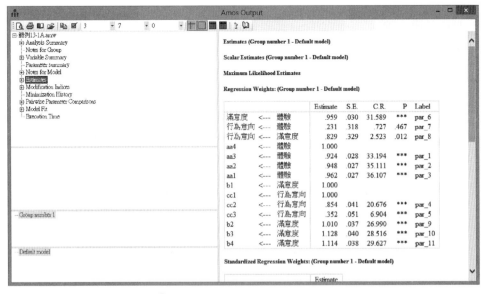

🅒 圖 13-4　未標準化估計值

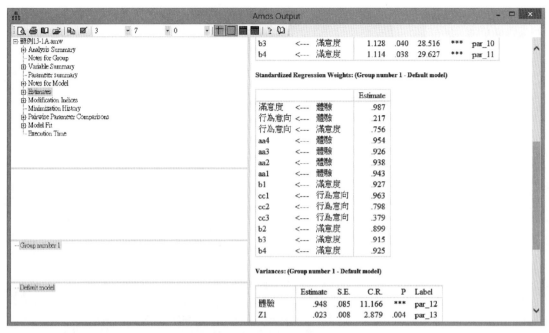

Ⓒ 圖 13-5　標準化估計值

(2) 適配度指標

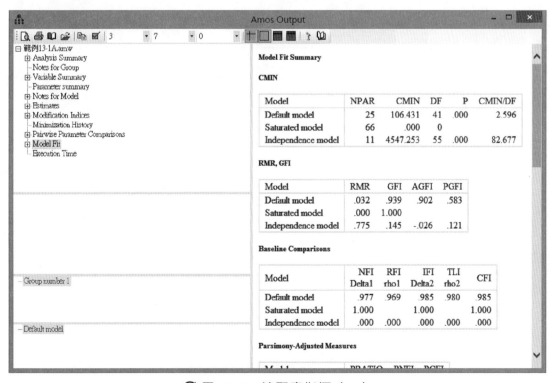

Ⓒ 圖 13-6　適配度指標（一）

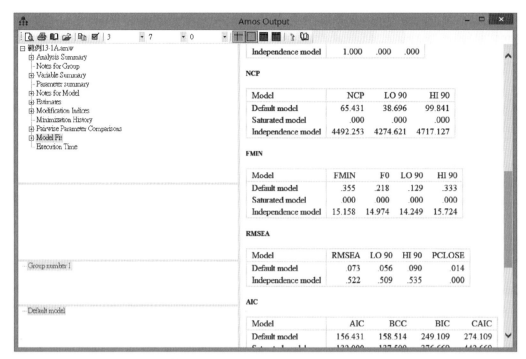

C 圖 13-7　適配度指標（二）

表 13-1　SEM 模式適配度衡量指標

衡量指標			理想評鑑結果
整體模式適配度 (overall model fit)	絕對適配指標 (absolute fit measurement)	χ^2	越小越好
		χ^2/df	<3
		AGFI	>0.90
		GFI	>0.90
		SRMR	<0.08
		RMSEA	<0.08
		RMR	<0.08
	增值適配指標 (incremental fit measurement)	NFI	>0.90
		NNFI	>0.90
		RFI	>0.90
		IFI	>0.90
		CFI	>0.90
	精簡適配指標 (parsimonious fit measurement)	PNFI	>0.50
		PGFI	>0.50
模式內在結構適配度 (incremental fit measurement)		CR（組成信度）	>0.60
		AVE	>0.50

(3) 整體結構模式適配度評估

表 13-2 整體結構模式適配度彙整

適配指標項目 (fit indices)	參考標準值	統計量	結果判斷
適配度指標 (GFI)	>0.9	.939	佳
修正後適配度指標 (AGFI)	>0.9	.902	佳
基準適配度指標 (NFI)	>0.9	.969	佳
非基準適配度指標 (TLI)	>0.9	.980	佳
比較適配度指標 (CFI)	>0.9	.985	佳
漸近誤差均方根 (RMSEA)	<.08	.073	佳
殘差均方根 (RMR)	<.08	.032	佳

(4) 結構方程模式之樣本估計值

表 13-3 整體結構模式迴歸係數彙整

變項路徑關係			迴歸係數	p 值
滿意度	←	體驗	.987*	.000
行為意向	←	體驗	.217	.467
行為意向	←	滿意度	.756*	.012
關聯體驗	←	體驗	.954*	.000
思考體驗	←	體驗	.926*	.000
情感體驗	←	體驗	.938*	.000
感官體驗	←	體驗	.943*	.000
經驗滿意	←	滿意度	.927*	.000
忠誠度	←	行為意向	.963*	.000
支付更多	←	行為意向	.798*	.000
抱怨	←	行為意向	.379*	.000
環境滿意	←	滿意度	.899*	.000
氣氛滿意	←	滿意度	.915*	.000
評價滿意	←	滿意度	.925*	.000

註：*表示 p＜.05，達顯著水準。

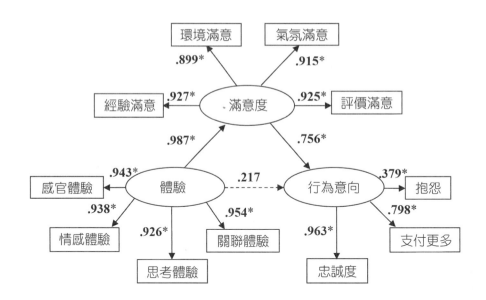

註：*表示 p＜.05，達顯著水準。

圖 13-8　整體結構模式分析數據圖

結構方程模式徑路分析討論：

運用 AMOS 統計軟體對各研究假設進行實證分析，藉以了解中華職棒主場現場球迷體驗、滿意度與行為意向關係。實證結果分析如下：

(1) H1：桃猿隊全猿主場現場觀眾體驗會正向影響觀眾滿意度。

由表 13-3 分析結果得知，桃猿隊全猿主場現場觀眾體驗對滿意度之迴歸係數為.987, p＜.05，達顯著水準，研究假設一成立。此結果顯示，桃猿隊全猿主場現場觀眾體驗會正向影響觀眾滿意度。

(2) H2：桃猿隊全猿主場現場觀眾體驗正向影響其行為意向。

由表 13-3 分析結果得知，桃猿隊全猿主場現場觀眾體驗對行為意向之迴歸係數為.217, p＞.05，未達統計顯著水準，此結果顯示，桃猿隊全猿主場現場觀眾體驗未能正向影響其行為意向。研究假設二不成立。

(3) H3：桃猿隊全猿主場現場觀眾滿意度正向影響其行為意向。

由表 13-3 分析結果得知，桃猿隊全猿主場現場觀眾滿意度對行為意向之迴歸係數為.756, p＜.05，達顯著水準，研究假設三成立。此結果顯示，桃猿隊全猿主場現場觀眾滿意度會正向影響其行為意向。

由圖 13-8 整體結構模式分析數據圖得知，體驗四個構面中以「關聯體驗(.954, p＜.05)」的反映效果為最佳；滿意度四個因素以「經驗滿意(.927, p＜.05)」的反映效果為最佳；行為意向三個構面以「忠誠度(.963, p＜.05)」的反映效果為最佳。

CHAPTER 14

無母數檢定

APPLIED STATISTICS

14-1 無母數檢定之概述

推論統計分為有母數統計(parametric statistics)與無母數統計(nonparametric statistics)，有母數統計如先前介紹的 t 檢定、F 檢定，必須是大樣本，樣本必須是常態分配或接近常態分配，其檢定力較無母數檢定來的精準。無母數檢定較有母數檢定力差，但適用範圍廣，不是連續變數、不是常態分配、一般類別變項，均可使用無母數統計。無母數統計就是一種不需特別指出樣本所來自母群體參數性質的統計方法，因此它是一種不受分配限制(distributed-free)的方法。下列是無母數檢定之優點：

1. 可適用於小樣本（樣本 < 30）。（大樣本可用無母數統計或有母數統計）

2. 對母體假設限制較少。

3. 適用於名義、類別、次序變項之資料。

4. 可處理多個來自不同母群體組成之樣本觀察值。

5. 應用上較簡單操作。

無母數統計之限制（缺點）：

1. 無法提供有效樣本完整之資訊。

2. 無法檢定變項間交互作用之顯著性。

Ⓒ 圖 14-1　無母數檢定

SPSS 點選分析(A)項下之無母數檢定(N)之歷史對話紀錄，右邊包含了卡方分配(C)、二項式(B)檢定、連檢定(R)、單一樣本 K-S 統計(1)、二個獨立樣本(2)、K 個獨立樣本(K)、二個相關樣本(L)、K 個相關樣本(S)。下表為無母數統計法的分類整理。

獨立樣本	相依樣本
K-S 單一樣本檢定	符號檢定
K-S 二樣本檢定	Wilcoxon test
中位數檢定	Friedman test
曼-惠特尼檢定 Mann-Whithney U	K-W 單因子變異數檢定

14-2 適合性檢定(test of goodness of fit)

許多研究中，類別資料是最基本也最普遍的使用，蒐集後的類別資料可用次數分配表(frequency table)與列聯表(contingency table or cross tabulation)整理資料。次數分配表是將某一類別之變項，依不同類別，將被觀察之次數顯示在表格中；而列聯表，又稱為交叉表，是將兩個類別變項之資料，顯現在同一格表格中。

除了次數分配表與列聯表外，還可用卡方檢定(chi-square test)對類別資料進行統計分析。卡方檢定是以次數或百分比進行比較，又稱百分比考驗。其目的是檢驗變項各類別的實際觀察次數和理論期望次數是否相關或差異的問題，此一方法常用於檢定樣本所來自的母體，是否服從某一特定的分配。

χ^2 卡方的定義公式為：

$$\chi^2 = \sum \frac{(f_0 - f_e)^2}{fe}$$

f_0：為觀察次數；f_e：為期望次數

根據樣本在某一類別或次序變項上的反應進行分析的資料（例如：某一社群是否男生與女生的比例為 1:1），因為只牽涉一個變項，故稱為單因子檢定(one-way test)。而利用卡方檢定對單因子進行統計檢驗，即「適合度考驗(goodness of fit test)」，其目的是檢測某一變項實際觀察次數分配與某理論期望次數分配是否一致。

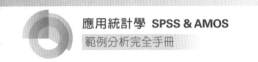
卡方適合度檢定，需所有的期望值 f_e 均大於 5 時，卡方適合度檢定才適用。

[◉ 資料檔：範例 14-1]

假設一份「瑜珈休閒參與者參與動機與持續涉入模式之研究問卷」中，研究者想知道參與瑜珈活動的消費者，其年齡是否為常態分配？研究者可以使用卡方考驗來做檢定。開啟 SPSS 檔，將滑鼠移至分析(A)項下的無母數檢定(N)，點選右邊第一個選項，卡方分配。

年齡

		次數	百分比	有效百分比	累積百分比
有效的	2.00	4	14.3	14.3	14.3
	3.00	10	35.7	35.7	50.0
	4.00	9	32.1	32.1	82.1
	5.00	5	17.9	17.9	100.0
	總和	28	100.0	100.0	

◉ 圖 14-2　執行無母數之卡方檢定

點選卡方分配(C)，會出現卡方檢定之對話方塊，選取想檢定之變數移至右邊檢定變數清單(T)之空白方格中，點選期望範圍之遊資料取得(G)和期望值下的全部類別相等(I)，再按下選項(O)鍵。

C. 圖 14-3 卡方檢定之對話方塊

按下選項(O)鍵之後,會出現卡方檢定:選項之次對話方塊,點選統計量項下的描述性統計量(D),設定遺漏值,按下繼續鍵,會回到原卡方檢定之對話方塊,再按下確定鍵。

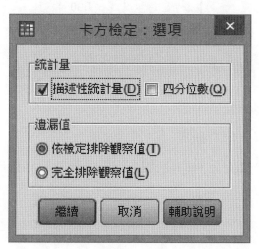

C. 圖 14-4 卡方檢定:選項之次對話方塊

| 報 | 表 | 分 | 析 |　　　　　Applied Statistics

卡方檢定－次數分配表

年齡

	觀察個數	期望個數	殘差
1	7	33.0	-26.0
2	50	33.0	17.0
3	56	33.0	23.0
4	58	33.0	25.0
5	24	33.0	-9.0
6	3	33.0	-30.0
總和	198		

檢定統計量

	年齡
卡方	93.939[a]
自由度	5
漸近顯著性	.000

a. 0 個格 (.0%) 的
期望次數少於 5。
最小的期望格次數
為 33.0。

H_0：消費者年齡層分配無差異

H_1：消費者年齡層分配有差異

顯著性小於 0.05，故有足夠的證據顯示，消費者的年齡層分配是有差異的。

二項式檢定

二項式檢定(binomial test)為檢驗二分類別的母群(binary population)其類別變項在兩處理水準之觀察值實際觀察次數機率分配是否符合二項式機率分配(binomial distribution)。[◉ **資料檔：範例 14-2**]

大眾普遍認為瑜珈是高消費之活動,所以研究者欲探討參與瑜珈活動者之月收入是否皆有二分之一在六萬以上。

開啟 SPSS 檔,將變項「個人月收入」分為高、低兩組,研究者將個人月收入分為:1.□ 20000 元以下、2.□ 20,001~40,000 元、3.□ 40,001~60,000 元、4.□ 60,001~80,000 元、5.□80,001 元以上、6.□無收入(此無收入為家庭主婦,本例列為高收入,貴婦),從 4.□60,001~80,000 元劃分。

3.99 萬以下為個人月收入低組,歸類為 2.;400,001 以上為個人月收入高組,歸類為 1.。

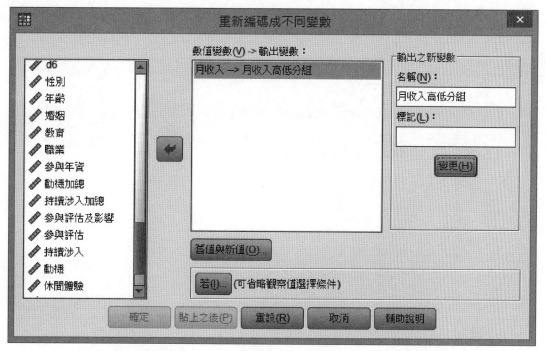

🍀 圖 14-5　重新編碼成不同變數之對話方塊

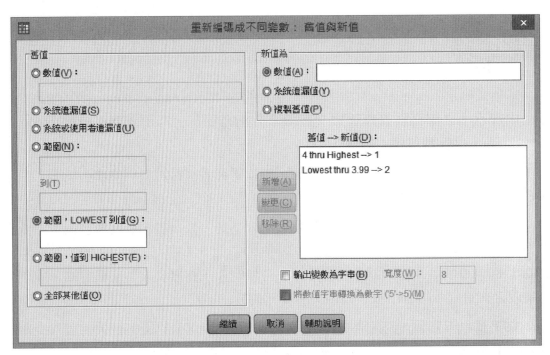

圖 14-6　重新編碼成不同變數：舊值與新值

編碼完成後，SPSS 檔會出現「月收入高低分組」之變項。

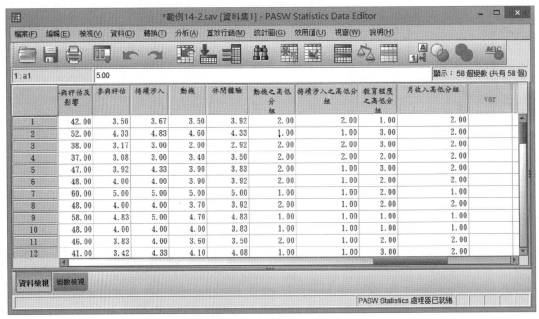

圖 14-7　月收入分組變項

　　點選分析(A)項之無母數檢定(N)右邊第二個選項，二項式(B)，出現二項式檢定之對話方塊。

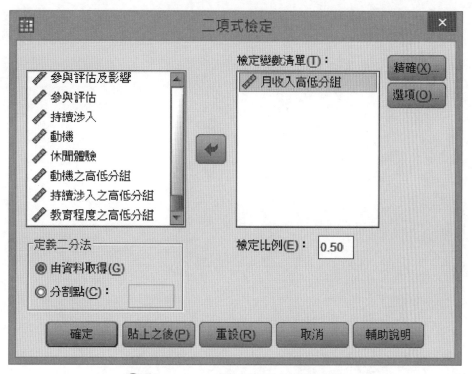

◐ 圖 14-8　執行無母數檢定（二項式檢定）

◐ 圖 14-9　二項式檢定之對話方塊

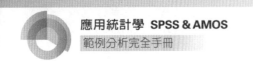
　　將左邊月收入變項分組移至右邊檢定變數清單(T)下之空白方格，設定下方定義二方法及檢定比例(E)，此例設比例為 1/2=.50。點選下方選項(O)鍵，出現二項式檢定：選項之次對話方塊。

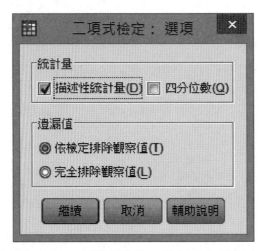

　　　　Ⓒ 圖 14-10　　二項式檢定：選項之次對話方塊

　　設定統計量及遺漏值點選右邊之繼續鍵，回到原二項式檢定之對話方塊，按確定鍵。

┃報┃表┃分┃析┃   Applied Statistics

NPar 檢定

描述性統計量僅描述有效樣本為 28 個，其平均數為 1.6786，標準差為 0.47559，最小值為 1，最大值為 2，因為只將月收入分為高(1)、低(2)兩組。

1. 描述性統計量

描述性統計量

	個數	平均數	標準差	最小值	最大值
月收入高低分組	28	1.6786	.47559	1.00	2.00

2. 二項式檢定

二項式檢定

		類別	個數	觀察比例	檢定比例	漸近顯著性（雙尾）
月收入高低分組	組別 1	2.00	19	.68	.50	.087[a]
	組別 2	1.00	9	.32		
	總和		28	1.00		

a. 以 Z 近似為基礎。

上表為二項式檢定之結果，組別 1（類別為 2）為月收入低組，有 19 位受測者，組別 2（類別為 1）為月收入高組，有 9 位受測者，檢定比例為 0.5，本題為單尾檢定，漸近顯著性（雙尾）.087/2 = .044 < .05，達顯著，參與瑜珈活動者的月收入有四萬以上者超過 1/2 的群體。

14-4 柯－史單一樣本檢定

柯－史單一樣本檢定(Kolmogorov-Smirnov one-sample test)適用於只有一個樣本並屬於次序變項。柯－史單一樣本檢定可以檢驗樣本常態分配(normal)、均勻分配(uniform)、poisson 機率分配是否與某一理論之次數分配相同或不同。[◎資料檔：範例 14-2]

研究者想了解受測者是否有認同參與瑜珈活動有啟發心思和智慧幫助我了解自己之傾向，以五等量表測之：1 為非常不同意，2 為不同意，3 為普通，4 為同意，5 為非常同意。開啟 SPSS 檔，點選分析(A)向下無母數檢定(N)之右邊第四個選項單一樣本 K-S 統計(1)。研究假設

H：受測者有認同參與瑜珈活動有「啟發心思和智慧」之傾向。

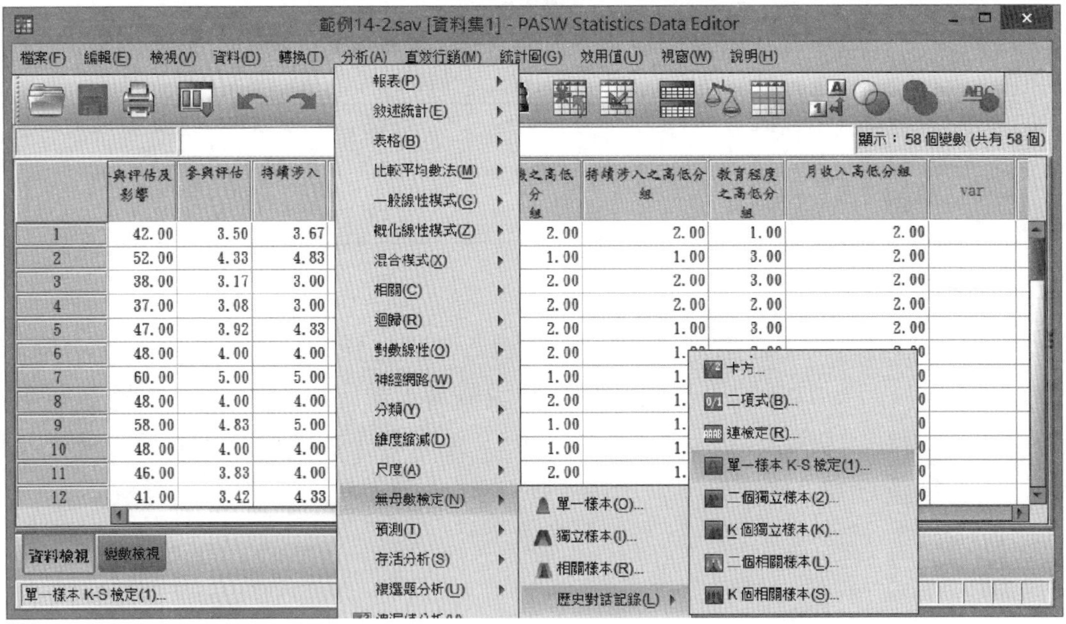

◎ 圖 14-11　執行無母數檢定（單一樣本 K-S 統計）

點選單一樣本 K-S 統計(1)，出現單一樣本 Kolmogorov-Smirnov 檢定之對話方塊，將變數 b9「啟發心思和智慧幫助我了解自己」移至右邊之檢定變數清單(T)之空白方格，設定下方之檢定分配（一般勾選均值），點選下方之選項(O)鍵。

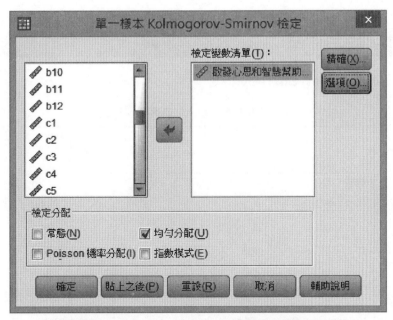

 圖 14-12 單一樣本 K-S 檢定之對話方塊

點選選項(O)鍵，出現單一樣本 K-S 檢定：選項之次對話方塊

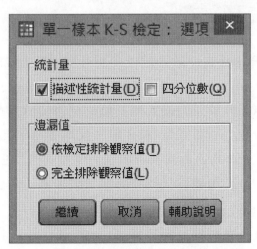

 圖 14-13 單一樣本 K-S 檢定：選項之次對話方塊

設定統計量與遺漏值，點選繼續鍵，回原單一樣本 Kolmogorov-Smirnov 檢定之對話方塊，按確定鍵。

1. 單一樣本 Kolmogorov-Smirnov 檢定

單一樣本 Kolmogorov-Smirnov 檢定

		啟發心思和智慧幫助我了解自己
個數		28
均勻分配參數[a,b]	最小值	1.00
	最大值	5.00
最大差異	絕對	.500
	正的	.036
	負的	-.500
Kolmogorov-Smirnov Z 檢定		2.646
漸近顯著性 (雙尾)		.000

a. 檢定分配為均勻分配。
b. 根據資料計算。

　　上表為 K-S 單一樣本檢定之統計結果，有效樣本數為 28 個，實際累積觀察次數與理論累積其望次數間差異絕對值為.500，正差異為.036，負差異為-.500，負的最大差異的絕對值(0.500)大於正的最大差異值的絕對值(0.036)，因此受測者的意見傾向於認同瑜珈可以啟發心思和智慧。K-S 單一樣本 Z 檢定為 2.646，p= .000 < .05，達顯著，研究假設成立，受測者認同參與瑜珈活動會「啟發心思和智慧」。由下表敘述性統計，平均數為 3.92，亦可驗證受測者認同參與瑜珈活動會「啟發心思和智慧」。

　　若負的最大差異的絕對值小於正的最大差異值的絕對值，則表示受測者的意見傾向於不認同瑜珈可以啟發心思和智慧。

NPar 檢定

2. 描述性統計量

描述性統計量

	個數	平均數	標準差	最小值	最大值
啟發心思和智慧幫助我了解自己	28	3.9286	.89974	1.00	5.00

表為本釋例之敘述性統計量，平均值為 3.9286，標準差為 0.89974。

14-5 兩獨立樣本檢定

兩獨立樣本檢定包含了四種方法:Mann-Whithney U 統計量、Moses 極端法應、Kolmogrov-Smirnov Z 檢定、Wald-Wolfowitz 連檢定。以下為大家介紹比較常用的 Mann-Whithney U 統計量、Kolmogrov-Smirnov Z 檢定。

14-5-1 Mann-Whithney U 統計量

曼－惠特尼 U 檢定也稱 Wilcoxon 檢定（魏可遜，魏氏－曼－惠特尼檢定），其檢定之資料屬於次序變項，若研究者所蒐集之資料屬性不為等距變項或比率變項，或是其資料不符合 t 檢定之基本假設，或微小樣本，則可使用曼－惠特尼 U(Mann-Whithney U)檢定。因曼－惠特尼之統計檢定力較佳，所以無母數統計 t 檢定法較常用。[● 資料檔：範例 14-2]

假設研究者想探討已婚與未婚的受測者對參與瑜珈之動機是否有顯著之差異。研究者設定：未婚為 1，已婚為 2，以下為研究假設：

H：已婚與未婚受測者對參與瑜珈活動的動機有顯著差異。

開啟 SPSS 檔，點選分析(A)項下之無母數檢定(N)右邊第五個選項，兩個獨立樣本檢定，出現兩個獨立樣本檢定之對話方塊。

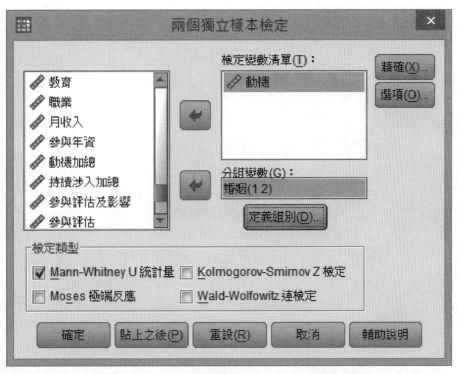

圖 14-14　兩個獨立樣本檢定之對話方塊

　　將欲探討之依變項移至右邊檢定變數清單(T)之空白方格中，再將欲探討之自變項移至右邊分組變項(G)之空白方格，設定下方檢定類型，點選 Mann-Whitney U 統計量(M)，點選分組變數下方之定義組別(D)鍵。

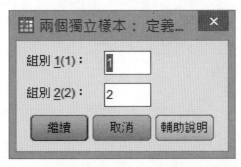

圖 14-15　兩個獨立樣本：定義組別之次對話方塊

　　出現兩個獨立樣本：定義組別之次對話方塊。將組別一設為 1，組別二設為 2，按下右邊之繼續鍵，回到原兩個獨立樣本檢定之對話方塊，在點選下方之選項(O)鍵，並設定統計量及遺漏值，回原兩個獨立樣本檢定之對話方塊，按下確定鍵。

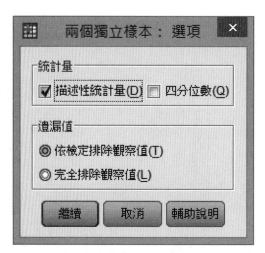

🌀 圖 14-16　兩個獨立樣本：選項之次對話方塊

| 報 | 表 | 分 | 析 | Applied Statistics

Mann-Whitney 檢定

1. 等級

描述性統計量

	個數	平均數	標準差	最小值	最大值
動機	28	4.0964	.64949	2.00	5.00
婚姻	28	1.6429	.48795	1.00	2.00

等級

	婚姻	個數	等級平均數	等級總和
動機	1.00	10	9.75	97.50
	2.00	18	17.14	308.50
	總和	28		

　　屬於未婚之受測者有 10 位，已婚之受測者有 18 位，共有 28 位受測者，未婚受測者者之等級總和為 97.50/10 位未婚受測者 ＝9.75（未婚之等級平均數），而已婚受測者之等級總和為 308.50/18 位已婚受測者 ＝17.14（已婚之等級平均數）。

2. 檢定統計量

檢定統計量[b]

	動機
Mann-Whitney U 統計量	42.500
Wilcoxon W 統計量	97.500
Z 檢定	-2.284
漸近顯著性 (雙尾)	.022
精確顯著性 [2*(單尾顯著性)]	.021[a]

a. 未對等值結做修正。
b. 分組變數：婚姻

　　上表為魏氏－曼－惠特尼(Mann-Whithney U)檢定結果，檢定量數值大小的 Mann-Whitney U 統計量為 42.500。

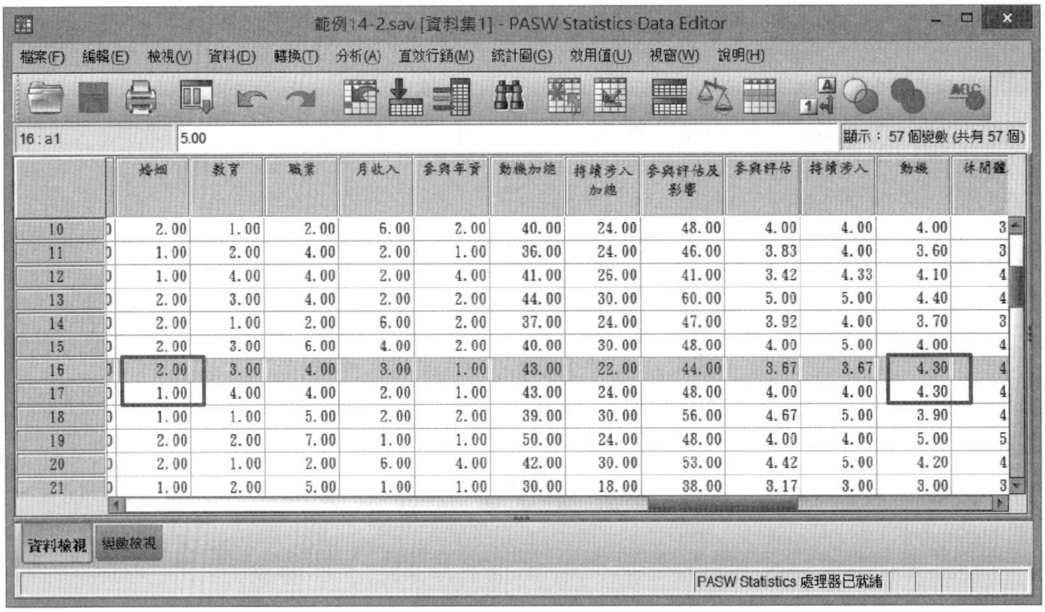

圖 14-17　兩獨立樣本之受測分數相同之情形

　　兩個獨立樣本之受測分數得分有相同之情形，所以應使用等級校正後之統計量，Z 檢定值為-2.284，漸近顯著性（雙尾）為.022 < .05，達顯著水準，表示已婚與未婚受測者對於參與瑜珈活動之動機有顯著之差異，研究假設成立，H：已婚與未婚受測者對參與瑜珈活動之動機有顯著差異。

14-5-2　Kolmogorov-Smirnov Z 檢定

　　柯－史二組樣本檢定(Kolmogorov-Smirnov two-sample test)，也有人稱 Smirnov 檢定，它為柯－史單一樣本檢定之擴展，其主要為檢定兩獨立樣本是否來自同一母群體，若兩獨立樣本之累積觀察次數分配很接近或一致，表示來自同一母群體；若兩獨立樣本之累積觀察次數分配差異甚大或不一致，表示其來自不同母群體。[◎ 資料檔：範例 14-2]

　　研究者想探討教育程度之高低是否會影響受測者參與瑜珈活動之動機。將受測者之教育程度分為：大學以上為高教育程度，設 1；專科以下為低教育程度，設 2。研究假設為：

　　H:高教育程度與低教育程度之受測者對瑜珈活動之參與動機有顯著差異。

　　開啟 SPSS 檔，將教育變項重新編碼，點選轉換(T)項下之重新編碼(R)右邊之第二個選項成不同變數(D)，出現重新編碼成不同變數之對話方塊，將變項教育移至右邊知數值變數(V)→輸出變數下之空白方格中，輸入新變項之名稱，點選下方之變更(C)鍵，設定完成，點選舊值與新值(O)鍵。

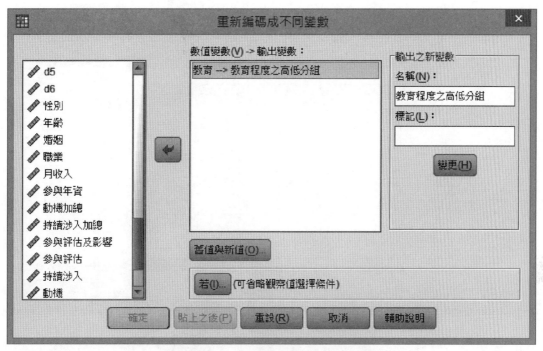

Ⓒ 圖 14-18　重新編碼成不同變數

Ⓒ 圖 14-19　重新編碼成不同變數：舊值與新值

設定完成後，按繼續鍵，回到原重新編碼成不同變數之對話方塊，按確定鍵。

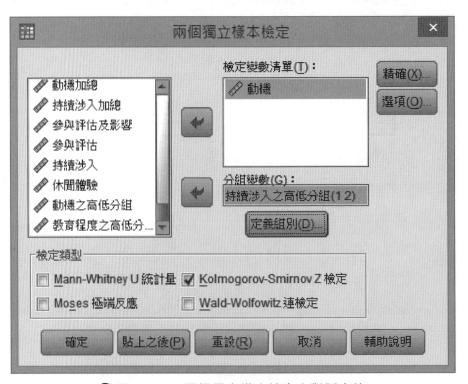

		口組	持續涉入 加總	參與評估及 影響	參與評估	持續涉入	動機	休閒體驗	動機之高低 分	持續涉入之 高低分組	教育程度之高 低分組	var	va
1		.00	22.00	42.00	3.50	3.67	3.50	3.92	2.00	2.00	2.00		
2		.00	29.00	52.00	4.33	4.83	4.60	4.33	1.00	1.00	1.00		
3		.00	18.00	38.00	3.17	3.00	2.00	2.92	2.00	2.00	1.00		
4		.00	18.00	37.00	3.08	3.00	3.40	3.50	2.00	2.00	2.00		
5		.00	26.00	47.00	3.92	4.33	3.90	3.83	2.00	1.00	1.00		
6		.00	24.00	48.00	4.00	4.00	3.90	3.92	2.00	1.00	2.00		
7		.00	30.00	60.00	5.00	5.00	5.00	5.00	1.00	1.00	2.00		
8		.00	24.00	48.00	4.00	4.00	3.70	3.92	1.00	1.00	2.00		
9		.00	30.00	58.00	4.83	5.00	4.70	4.83	1.00	1.00	2.00		
10		.00	24.00	48.00	4.00	4.00	4.00	3.83	1.00	1.00	2.00		
11		.00	24.00	46.00	3.83	4.00	3.60	3.50	2.00	1.00	2.00		
12		.00	26.00	41.00	3.42	4.33	4.10	4.08	1.00	1.00	1.00		
13		.00	30.00	60.00	5.00	5.00	4.40	4.83	1.00	1.00	2.00		

⦿ 圖 14-20　新變項「教育程度」

　　完成後，開始執行無母數分析，點選分析(A)鍵項下之無母數檢定(N)右邊之第
五個選項，兩個獨立樣本檢定(2)，出現兩個獨立樣本檢定之對話方塊。

⦿ 圖 14-21　兩個獨立樣本檢定之對話方塊

　　將依變項動機 2 移至右邊檢定變數清單(T)之空白方格，將自變項教育程度移至下方分組變數(G)之空白方格，設定檢定類型：勾選 Kolmogorov-Smirnov Z 檢定，記得點選分組變數下方之定義組別鍵(D)，出現兩個獨立樣本：定義組別之次對話方塊。

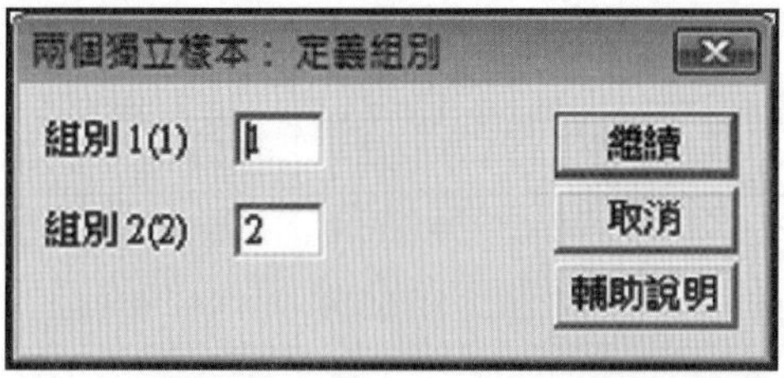

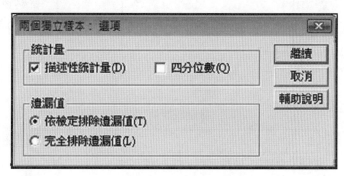

　　圖 14-22　　兩個獨立樣本：定義組別之次對話方塊

　　將組別一設定為 1，組別二設定為 2。按繼續鍵回原兩個獨立樣本之對話方塊，點選下方之選項(O)鍵，出現兩個獨立樣本：選項之次對話方塊。出現兩個獨立樣本：選項之次對話方塊後，設定統計量及遺漏值，按繼續鍵，回原兩個獨立樣本之對話方塊，點選右邊之確定鍵。

　　圖 14-23　　兩個獨立樣本：選項之次對話方塊

| 報 | 表 | 分 | 析 |　　　　　　　Applied Statistics

NPar 檢定

1. 描述性統計量

描述性統計量

	個數	平均數	標準差	最小值	最大值
動機	28	4.0964	.64949	2.00	5.00
教育程度之高低分組	28	1.7500	.44096	1.00	2.00

二個樣本 Kolmogorov-Smirnov 檢定

2. 次數分配表

次數分配表

教育程度之高低分組		個數
動機	1.00	7
	2.00	21
	總和	28

3. 檢定統計量

檢定統計量[a]

		動機
最大差異	絕對	.286
	正的	.143
	負的	-.286
Kolmogorov-Smirnov Z 檢定		.655
漸近顯著性 (雙尾)		.785

a. 分組變數：教育程度之高低分組

上表為 K-S 二組樣本檢定(Kolmogorov-Smirnov two-sample test)結果,次數分配表顯示 28 位受測者中,有 7 位受測者被定義為高教育程度組,有 21 受測者被定義為低教育程度組,高教育程度與低教育程度在參與瑜珈活動動機的累積百分比之最大絕對差異值為 .286,正的最大差異值為 .143,負的最大差異值為 -.286,Kolmogorov-Smirnov Z 檢定為.655,雙尾檢定之漸近顯著值為.785 > .05,未達顯著,表示受測者之高教育程度與低教育程度對於參與瑜珈活動之動機並沒有顯著差異,研究假設不成立,故高教育程度與低教育程度之受測者對參與瑜珈活動動機無顯著差異。

14-6 兩相依樣本檢定

兩相依樣本檢定包含：Wilcoxon 檢定(W)、符號檢定(S)、McNemar 檢定(M)、邊緣同質性(H)。以下介紹較常用之前二種檢定方法。

◐ 圖 14-24　執行無母數統計之兩個相關樣本檢定

14-6-1　Wilcoxon 檢定（魏克遜符號檢定）

[◉ 資料檔：範例 14-3]

魏克遜符號檢定(Wilcoxon signed-rank test)，簡稱魏氏檢定。其目的為以正、負號檢驗兩相依樣本差異方向，並可檢驗兩相依樣本差異之大小。研究者想知道教練新訓練方法，對於百米選手訓練前後成績是否有提升效果。研究假設為：

H：受測者參與教練新訓練方法後，成績有顯著提升。

開啟 SPSS 檔，點選分析(A)鍵項下之無母數檢定(N)右邊之第七個選項，兩個相依樣本檢定(2)，出現兩個相依樣本檢定之對話方塊。

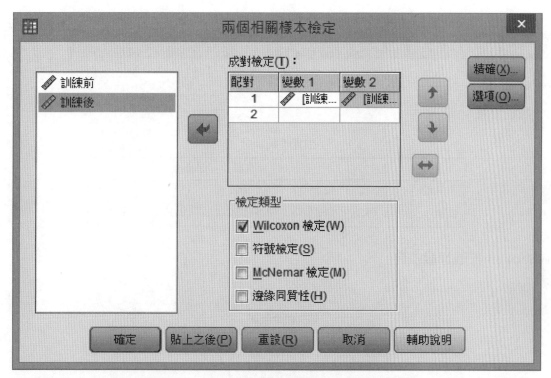

C 圖 14-25 兩個相關樣本檢定之對話方塊

　　必須一次點選兩個欲檢驗之變項（本例為訓練前及訓練後）移至右邊欲選定之配對變數的清單(T)之空白方格中。將兩變項移至右邊欲檢定之配對變數的清單(T)之空白方格中後，設定下方之檢定類型，勾選 Wilcoxon 檢定(W)，點選右邊之確定鍵，輸出報表結果。

| 報 | 表 | 分 | 析 |　　　　　　　　Applied Statistics

NPar 檢定

1. 描述性統計量

描述性統計量

	個數	平均數	標準差	最小值	最大值
訓練前	12	12.5000	1.50756	11.00	16.00
訓練後	12	11.1667	1.69670	9.00	15.00

Wilcoxon 符號等級檢定

2. 等級

次數分配表

		個數
訓練後 - 訓練前	負差異[a]	9
	正差異[b]	2
	等值結[c]	1
	總和	12

a. 訓練後 < 訓練前
b. 訓練後 > 訓練前
c. 訓練後 = 訓練前

3. 檢定統計量

檢定統計量[b]

	訓練後 - 訓練前
Z 檢定	-2.355[a]
漸近顯著性 (雙尾)	.019

a. 以正等級為基礎。
b. Wilcoxon 符號等級檢定

上表為**魏克遜符號檢定**(Wilcoxon signed-rank test)之結果，有效樣為 12 個，受測者參與教練新訓練方法後之成績（賽跑秒數）低於受測者參與教練新訓練方法前之成績，有 9 位受測者；而受測者參與教練新訓練方法後之成績高於受測者參與教練新訓練方法前之成績，有 2 位受測者；對於受測者參與教練新訓練方法後之成績等於受測者參與教練新訓練方法前之成績有 1 位受測者。

等級表中的第四欄「等級平均數」為受測者參與教練新訓練前與參與教練新訓練後之差異（受測者參與教練新訓練前後成績的差異）。有 9 位受測者參與教練新訓練後測的成績低於前測之成績，其等級之平均分數為 6.56，6.56×9=59.00（負等級總和）；有 2 位受測者參與教練新訓練後測的成績高於前測之成績，等級之平均分數為 3.50，3.50×2=7.00（正等級總和）。

檢定統計量表顯示兩等級平均數之差異，Z 檢定值為-2.355，漸近顯著性（雙尾）之 p 值為.019＜.05，達顯著，表示受測者參與教練新訓練後和參與教練新訓練前有顯著差異，研究假設成立。

H：受測者參與教練新訓練方法後，成績有顯著提升。

14-6-2 符號檢定(sign test)

[◉ 資料檔：範例 14-3]

　　符號檢定(Sign test)之目的與魏氏檢定相似，皆為檢定兩相依樣本之差異情形，但符號檢定之能力較魏氏檢定弱，符號檢定只能檢定兩相依樣本之正、負號方向之差異，並無法檢定其差異之大小。而續魏克遜檢定之假設，受測者參與教練新訓練方法後，成績有顯著提升。

　　開啟 SPSS 檔，點選分析(A)鍵項下之無母數檢定(N)右邊之第七個選項，兩個相依樣本檢定(2)，出現兩個相依樣本檢定之對話方塊。

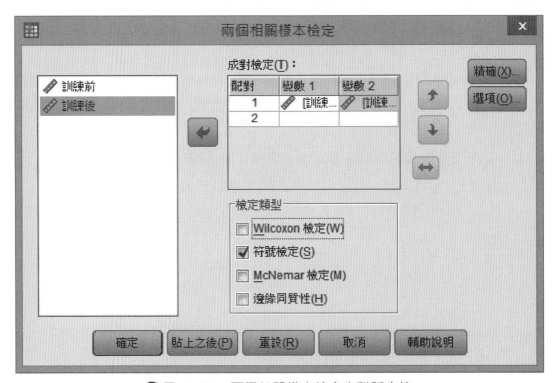

ⓒ 圖 14-26　兩個相關樣本檢定之對話方塊

　　一次點選兩個欲檢驗之變項（本例為本例為訓練前及訓練後兩變項）移至右邊欲選定之配對變數的清單(T)之空白方格中。將兩變項移至右邊欲檢定之配對變數的清單(T)之空白方格中後，設定下方之檢定類型，勾選符號檢定(S)，點選右邊之確定鍵，輸出報表結果。

| 報 | 表 | 分 | 析 |　Applied Statistics

符號檢定

1. 次數分配表

次數分配表

		個數
訓練後 - 訓練前	負差異[a]	9
	正差異[b]	2
	等值結[c]	1
	總和	12

a. 訓練後 < 訓練前
b. 訓練後 > 訓練前
c. 訓練後 = 訓練前

2. 檢定統計量

檢定統計量[b]

	訓練後 - 訓練前
精確顯著性 (雙尾)	.065[a]

a. 使用二項式分配。
b. 符號檢定

　　次數分配表顯示，有效樣本有 12 位受測者，受測者參與教練新訓練方法後之成績低於受測者參與教練新訓練方法前之成績，有 9 位受測者；而受測者參與教練新訓練方法後之成績高於受測者參與教練新訓練方法前之成績，有 2 位受測者；對於受測者參與教練新訓練方法後之成績等於受測者參與教練新訓練方法前之成績有 1 位受測者。

　　符號檢定只能檢測其正負號之差異，無法得知其差異多少，所以表中並無顯示兩相依樣本間之差異。檢定統計量表中顯示精確顯著性（雙尾）之 p 值為.065 > .05，雖未達顯著水準，但有接近顯著水準之狀態。

　　符號檢定與上例魏克遜等級符號檢定結果有些許差異，讀者可選擇檢定力較佳之魏克遜等級符號方法檢定。

多個獨立樣本檢定包含：Kruskal-Wallis H 檢定 (K)、中位數 (M)、Jonckheere-Terpstra(J)，三種方法。以下介紹較常使用的前兩種方法。

14-7-1　Kruskal-Wallis H 檢定

克一瓦二是單因子等級變異數分析或稱 H 檢定法(Kruskal-Wallis one way analysis of variance by ranks)，其主要目的為檢驗多組來自不同群體之樣本對於次序尺度依變項上之結果反映是否相同（或有差異）。研究者想探討不同的學歷背景，對於參與瑜珈活動之動機是否有顯著之差異。[◎ 資料檔：範例 14-2]

H：受測者不同的學歷背景對瑜珈活動之參與動機有顯著差異。

研究者將教育分為高、中、低三組，教育程度：1.國中（含）以下（設定為 3 低教育程度）；2.高中（職）和 3.專科（設定為 2 中教育程度）；4.大學和 5.研究所以上（設定為 1 高教育程度）。首先開啟 SPSS 檔案，將教育變項重新編碼成不同變數。

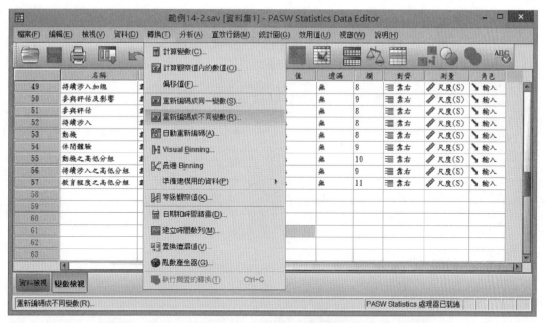

🄖 圖 14-27　開啟 spss，點選「重新編碼成不同變數」

　　點選轉換(T)項下重新編碼(R)，出現重新編碼成不同變數之對話方塊，將教育變項移至右邊數值變數(V)→輸出變數之空白方格中，將新變項之名稱輸入至名稱(N)之空白方格中，點選下方之變更(H)鍵，再點選舊值與新值(O)鍵。

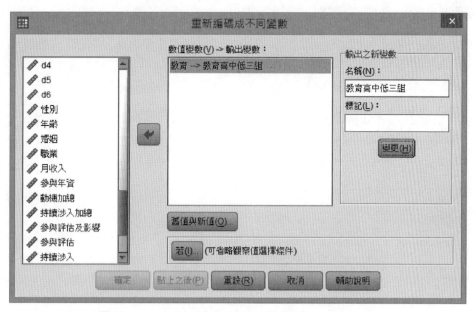

🄖 圖 14-28　重新編碼成不同變數之對話方塊

⊙ 圖 14-29　重新編碼成不同變數：舊值與新值之次對話方塊

　　將 1.國中（含）以下（設定為 3 低教育程度）；2.高中（職）和 3.專科（設定為 2 中教育程度）；4.大學和 5.研究所以上（設定為 1 高教育程度）。設定完成點選繼續鍵，回到原重新編碼成不同變數之對話方塊，按下確定鍵。

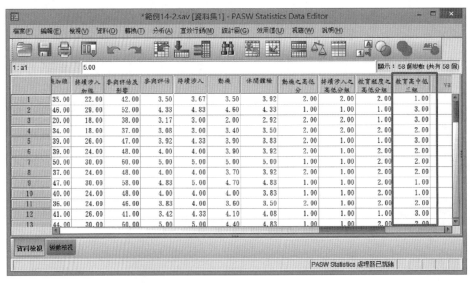

⊙ 圖 14-30　教育程度 3 組類別

　　點選分析(A)鍵項下之無母數檢定(N)右邊之第六個選項，K 個獨立樣本檢定(K)，出現多個獨立樣本檢定之對話方塊。

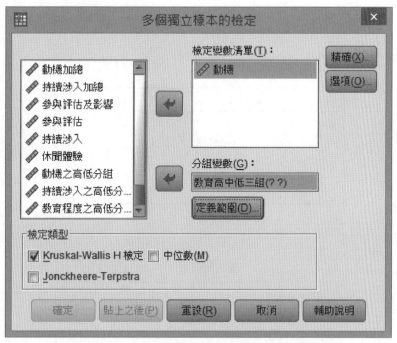

◐ 圖 14-31　多個獨立樣本的檢定之對話方塊

　　將自變項教育程度移至右邊分組變數(G)之空白方格中，依變項動機 2 移至右上方檢定變數清單(T)之空白方格，點選分組變數下方之定義範圍(D)鍵，出現多個獨立樣本的檢定：定義範圍之次對話方塊，因研究者將教育程度分為 3 低教育程度（國中（含）以下）；2 中教育程度（高中（職）和專科）；1 高教育程度（大學和研究所以上），在組別變數的水準範圍之最小值(I)的空白方格中輸入最小值 1，在最大值(A)空白方格中輸入最大值 3，點選右邊之繼續鍵，回原多個獨立樣本之對話方塊，設定下方之檢定類型，勾選 Kruskal-Wallis H 檢定(K)，按確定鍵，報表輸出。

◐ 圖 14-32　多個獨立樣本：定義範圍之次對話方塊

| 報 | 表 | 分 | 析 |　　　　　　　Applied Statistics

Kruskal-Wallis 檢定

1. 等級

等級

教育高中低三組		個數	等級平均數
動機	1.00	7	14.00
	2.00	14	15.21
	3.00	7	13.57
	總和	28	

2. 檢定統計量

檢定統計量[a,b]

	動機
卡方	.222
自由度	2
漸近顯著性	.895

a. Kruskal Wallis 檢定

b. 分組變數：教育高中低三組

　　上表為克—瓦二是單因子等級變異數分析或稱 H 檢定法(Kruskal-Wallis one way analysis of variance by ranks)之檢定結果，28 位受測者中，有 7 位屬於高教育程度，等級平均數為 14.00；有 14 位為中教育程度，等級平均數為 15.21；有 7 位為低教育程度，等級平均數為 13.57。

　　下方檢定統計量表為檢驗高、中、低教育程度受測者之三個等級平均數是否有顯著差異。卡方值為.222，自由度為 3-1 = 2，漸近顯著性之 p 值為.895 > .05，未達顯著，表示教育程度之高低並未顯著影響受測參與瑜珈活動之動機，研究假設不成立。

14-7-2 中位數檢定

中位數檢定(median test)其目的為檢定兩個或兩個以上獨立樣本之次序變數是否來自中位數相等的母群體。研究者欲探討，不同學歷背景之受測者在參與瑜珈活動後，持續涉入瑜珈活動意願是否有顯著差異。[◎ 資料檔：範例 14-2]研究假設為：

H：受測者不同的學歷背景對參與瑜珈活動之持續涉入有顯著差異。

點選分析(A)鍵項下之無母數檢定(N)右邊之第六個選項，K 個獨立樣本檢定(K)，出現多個獨立樣本檢定之對話方塊。

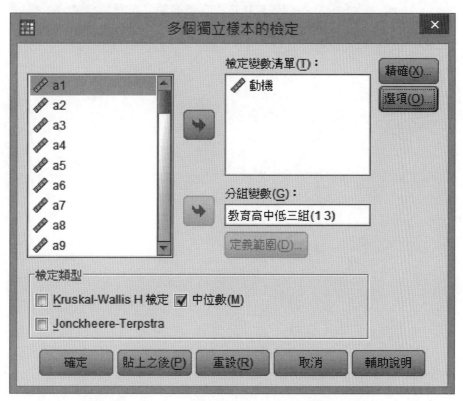

ⓒ 圖 14-33　多個獨立樣本的檢定之對話方塊

將自變項教育程度移至右邊分組變數(G)之空白方格中，依變項持續涉入 2 移至右上方檢定變數清單(T)之空白方格，點選分組變數下方之定義範圍(D)鍵，出現多個獨立樣本的檢定：定義範圍之次對話方塊，因研究者將教育程度分為 3 低教育程度（國中（含）以下）；2 中教育程度（高中（職）和專科）；1 高教育程度（大學和研究所以上），在組別變數的水準範圍之最小值(I)的空白方格中輸入最小值 1，在最大值(A)空白方格中輸入最大值 3，點選右邊之繼續鍵，回原多個獨立樣本之對話方塊，設定下方之檢定類型，勾選中位數(M)，按確定鍵，報表輸出。

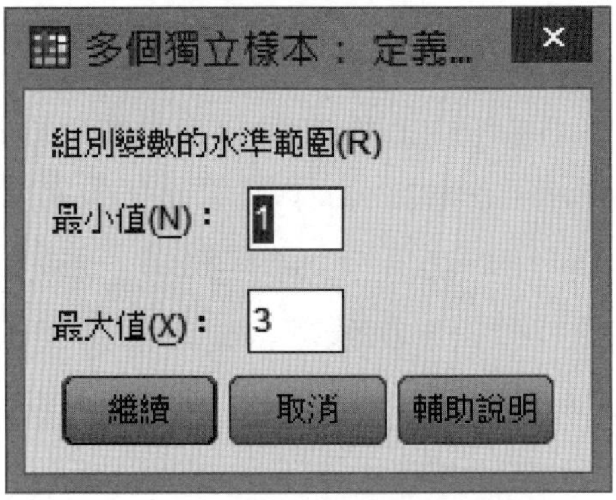

◎ 圖 14-34　多個獨立樣本：定義範圍之次對話方塊

| 報 | 表 | 分 | 析 | Applied Statistics

中位數檢定

1. 次數分配表

次數分配表

		教育高中低三組		
		1.00	2.00	3.00
動機	> 中位數	3	8	3
	<= 中位數	4	6	4

上表為中位數檢定(median test)次數分配表之結果，下方檢定統計量表中可得知，中位數為 4.25，上表顯示高教育程度 7 位受測者中，達中位數以上者有 4 位，低於或等於中位數者有 3 位；而中教育程度 14 位受測者中，達中位數以上者有 6 位，低於或等於中位數者有 8 位；低教育程度 7 位受測者中，達中位數以上者有 4 位，低於或等於中位數者有 3 位。

2. 檢定統計量

檢定統計量[b]

	動機
個數	28
中位數	4.1500
卡方	.571[a]
自由度	2
漸近顯著性	.751

a. 4 個格 (66.7%) 的期望次數少於 5。最小的期望格次數為 3.5。

b. 分組變數：教育高中低三組

檢定統計量表為檢驗高中低教育程度之受測者對於瑜珈持續涉入是否有顯著差異，表中顯示，有 28 個有效樣本，中位數為 4.25，卡方值為.571，自由度為 3-1 = 2，漸近顯著性之 p 值為.751 > .05，未達顯著，表示受測者之高中低教育程度對瑜珈活動持續涉入沒有顯著之影響，研究假設不成立。

多個相依樣本檢定

多個相依樣本檢定包含：Friedman 檢定(F)、Kendall's W 檢定(K)、Cochran's Q 檢定(C)。以下介紹 Friedman 檢定(F)方法。

Friedman 檢定

佛里曼檢定或稱佛里曼二因子等級變異數分析(Friedman two way analysis of variance by ranks)其檢定方法與單因子相依樣本變異數分析相似，皆為檢驗一組樣本在依變項之不同情況下之差異情形，但佛理曼檢定之依變項為次序變項，單因子相依樣本變數分析之依變項為等距變項。[◉資料檔：範例 14-4]

研究者想探討三位評審對四位體操競賽選手表現之評分是否有一致性。

	選手 1	選手 2	選手 3	選手 4
評審 1	84	75	68	81
評審 2	85	77	67	87
評審 3	80	74	65	80

開啟 SPSS 檔，點選分析(A)鍵項下之無母數檢定(N)右邊之第八個選項，K 個相關樣本檢定(S)，出現多個相依樣本檢定之對話方塊。

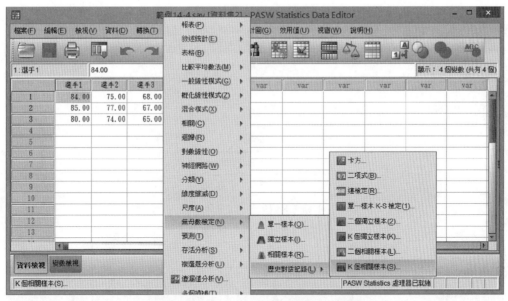

🍀 圖 14-35　多個相關樣本的檢定

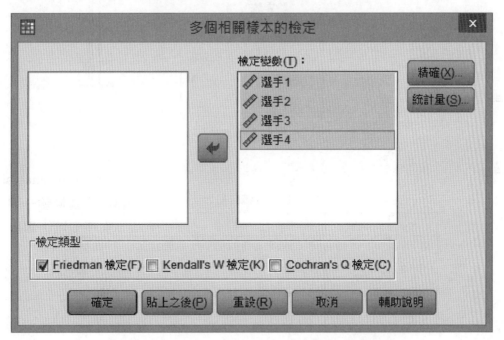

🍀 圖 14-36　多個相關樣本的檢定之對話方塊

　　將左邊選手 1、選手 2、選手 3、選手 4 四個變項移至右邊檢定變數(T)之空白方格中，並設定下方檢定類型，勾選 Friedman 檢定(F)，按下右邊之確定鍵，報表輸出。

NPar 檢定

1. Friedman 檢定

等級

	等級平均數
選手1	3.50
選手2	2.00
選手3	1.00
選手4	3.50

2. 檢定統計量

檢定統計量[a]

個數	3
卡方	8.379
自由度	3
漸近顯著性	.039

a. Friedman 檢定

3. 描述性統計量

描述性統計量

	個數	平均數	標準差	最小值	最大值
選手1	3	83.0000	2.64575	80.00	85.00
選手2	3	75.3333	1.52753	74.00	77.00
選手3	3	66.6667	1.52753	65.00	68.00
選手4	3	82.6667	3.78594	80.00	87.00

上表為佛里曼檢定或稱佛里曼二因子等級變異數分析(Friedman two way analysis of variance by ranks)檢定之結果，上方等級表中為受測者在四個自變項之等級平均數，受測者在選手 1 之等級平均數為 3.50，在選手 2 之等級平均數為 2.00，在選手 3 之等級平均數為 1.00，在選手 4 之等級平均數為 3.50。

分析說明：若平均數大於 3 年，且單一樣本 t 檢定（檢定 3 年），達到顯著水準，表 2 之檢定統計量表顯示，有效樣本為 3 個，檢驗之卡方值為 8.379，自由度為 4-1 = 3，漸近顯著性之 p 值為.039 < .05，達顯著水準， 研究假設 H：成立三位評審對四位體操競賽選手表現之評分沒有一致性。

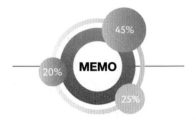

MEMO

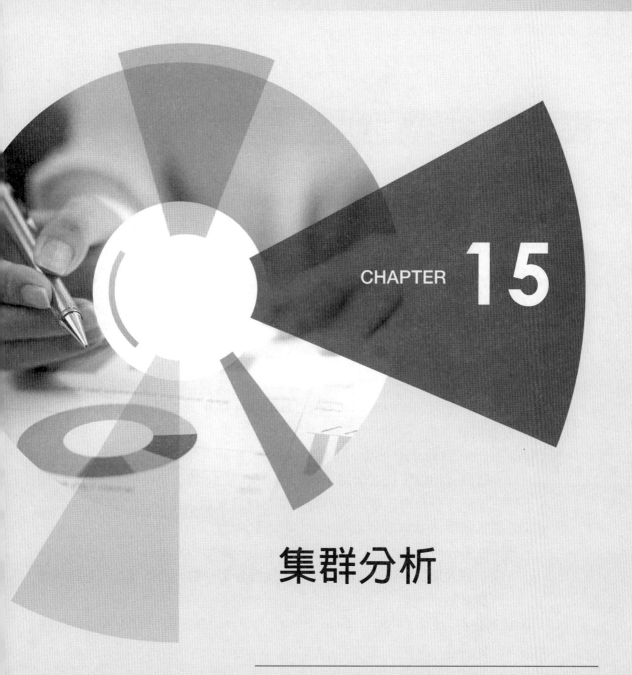

CHAPTER 15

集群分析

15-1 集群分析之概述

集群分析也稱作群集分析(cluster analysis)，簡單來說，集群分析是幫研究者做分類的工作，其與因素分析相近，但不同的是，因素分析是將變數間內部之相關性（事件／事情）分門別類，而集群分析是將人，也就是受測者分門別類，例如：市場消費者的特性是屬於保守派、務實派或是積極派。

集群分析是根據樣本相同之特性，分類為幾個集群，同一集群之樣本有相同之同質性，而不同集群之樣本表示其之間為異質性。由於集群分析時，使用之分析的方法不同，結果也會有所不同，不同研究者對同一觀察值進行集群分析時，所決定的集群數也未必相同，因而集群分析較偏向於探索性分析方法。

1. 集群分析主要的方法

(1) 階層式集群分析（hierarchical cluster analysis，或稱分層法），階層式集群分析又分為兩個方法：

(A) 凝聚分層法(agglomerative)：

將 n 個擁有相似特性之個體一一合併，集群由 n 群，慢慢變為 n-1 群，相似之集群一一合併，最後將所有集群合併為一個大集群。

(B) 分裂式集群法(divisive)：

其與凝聚分層法相反，分裂式集群法是由一開始的大集群（將 n 個個體結合成一個大集群）根據個體之同質性慢慢分為一群一群的集群，直到個體一一獨立為止。

(2) 非階層式集群分析(nonhierarchical cluster analysis)最常使用的為 K-means 法（K 組平均法）。

2. 集群分析之步驟

(1) 透過驗證型結構方成模式(SEM)或是探索型因素分析，將收集的樣本做適當的因素構面分析。

(2) 每一樣本計算在各因素構面的得分。

(3) 透過 K-means 法將受測者或潛在顧客分成適當群數。

(4) 利用單因子變異數分析(ANOVA)將各群適當命名。

15-2　集群分析之釋例及報表分析

[◉ 資料檔：範例 15-1]

　　如果觀察值的個數較多或資料檔非常龐大（通常觀察值在 200 以上）以採用 K-means 集群分析法較為適宜。範例 15-1 有效樣本為 198，接近 200 個樣本，所以使用非階層式集群分析(nonhierarchical cluster analysis)最常使用的 K-means 法（K 組平均法）。假設研究者想知道是哪些類型的大眾比較願意參與登山活動，將參與登山活動之受測者分類。

　　開啟 SPSS 檔，先執行探索型因素分析，點選分析(A)項下資料縮減(D)右邊第一個選項因子(F)，出現因子分析之對話方塊。

1. 操作探索型因素分析

	範例15-1.sav [資料集1] - PASW Statistics Data Editor	

| 檔案(F) | 編輯(E) | 檢視(V) | 資料(D) | 轉換(T) | 分析(A) | 直效行銷(M) | 統計圖(G) | 效用值(U) | 視窗(W) | 說明(H) |

1:a1　　5　　　　　　　　　　　　　　　　　　　　　　　　　　　顯示：76 個變數（共有 76 個）

	a1	a2	a3		a6	a7	a8	a9	a10	a11	a12
1	5	5	5		5	4	5	5	5	5	5
2	5	5	5		5	4	5	5	5	5	5
3	5	5	5		5	5	5	5	5	5	5
4	4	4	5		5	5	5	5	5	5	5
5	4	4	4		4	4	4	5	4	4	3
6	3	5	3		5	5	5	5	5	5	5
7	3	4	4		5	5	4	5	5	5	5
8	5	5	5		5	5	5	5	5	5	5
9	4	4	4		4	4	3	4	4	5	5
10	5	5	3		5	5	4	3	4	4	4
11	5	5	4				4	5	4	4	4
12	4	4	4				3	4	3	4	4
13	4	4	5				5	5	3	4	5

分析(A) 項下選單：報表(P)、敘述統計(E)、表格(B)、比較平均數法(M)、一般線性模式(G)、概化線性模式(Z)、混合模式(X)、相關(C)、迴歸(R)、對數線性(O)、神經網路(W)、分類(Y)、維度縮減(D)、尺度(A)、無母數檢定(N)、預測(T)、存活分析(S)、複選題分析(U)

維度縮減(D) 子選單：因子(F)...、對應分析(C)...、最適尺度(O)...

資料檢視　變數檢視

因子(F)...　　　　　　　　　　　　　　　　　　　　PASW Statistics 處理器已就緒

◉ 圖 15-1　執行探索型因素分析

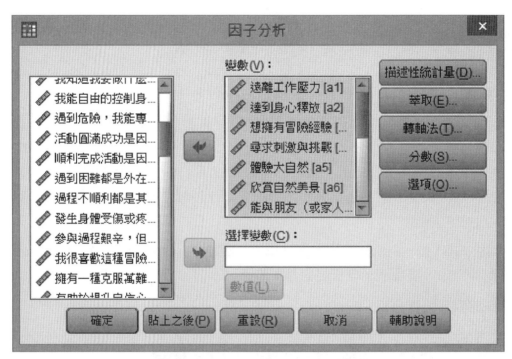

🐚 圖 15-2　因子分析之對話方塊

　　將 a1~a16，16 個變項全部移至右邊變數(V)之空白方格，點選並設定下方描述性統計量(D)、萃取(E)、轉軸法(T)、分數(S)、選項(O)。

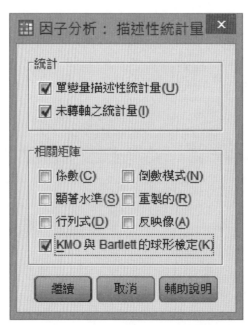

🐚 圖 15-3　因子分析：描述性統計量之次對話方塊

　　設定上方統計量及下方之相關矩陣選項，應選取下方相關矩陣選項中之 KMO 與 Bartlett 的球形檢定(K)選項，按繼續鍵。回到原因子分析之對話方塊，點選萃取 (E)鍵，出現因子分析：萃取之次對話方塊。

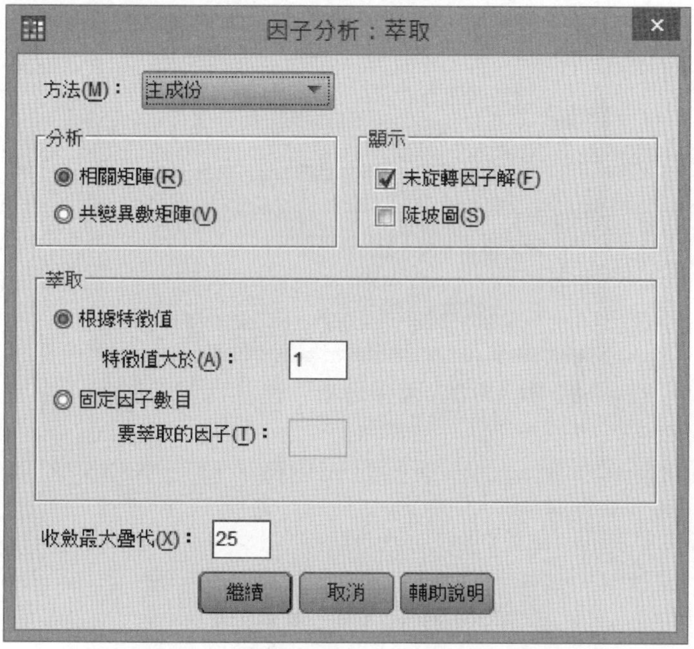

Ⓒ 圖 15-4　因子分析：萃取之次對話方塊

　　選取萃取之方法，按繼續鍵。

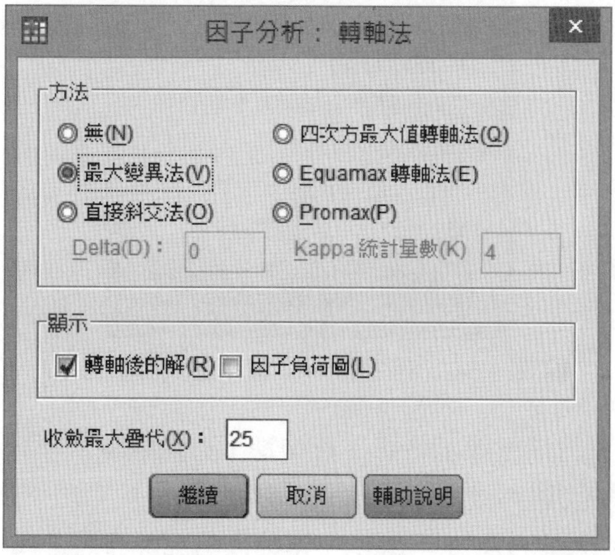

Ⓒ 圖 15-5　因子分析：轉軸法之次對話方塊

設定欲使用之方法及顯示並按右邊繼續鍵。

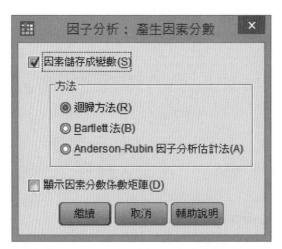

ⓒ 圖 15-6　因子分析：產生因素分數

以最大變異數旋轉，並勾選因素儲存成變數，會在 SPSS 之.sav 檔案內自動產生每一樣本各因素「因素數值」。

ⓒ 圖 15-7　因子分析：選項之次對話方塊

設定遺漏值及下方係數顯示格式。應勾選下方係數線式格式中的依據因素負荷排序(Sorted by size)，否則不易分類尋找。若勾選絕對值捨棄之下限(Suppress absolute values less than)，並設定.499 為下限，在轉軸後的矩陣會將 < .05 的因素負荷值隱藏而不顯示，有很大的便利性。

| 報 | 表 | 分 | 析 | Applied Statistics

1. KMO 與 Bartlett 檢定

KMO與Bartlett檢定

Kaiser-Meyer-Olkin 取樣適切性量數。		.869
Bartlett 的球形檢定	近似卡方分配	1797.642
	df	120
	顯著性	.000

    上表 KMO 值為.869，以達到.80 以上，表示其因素分析適合性為良好的 (meritorious)，而球形檢定顯著值為.000，代表所解析之各因素有顯著差異。

2. 解說總變異量

解說總變異量

元件	初始特徵值			平方和負荷量萃取			轉軸平方和負荷量		
	總數	變異數的 %	累積%	總數	變異數的 %	累積%	總數	變異數的 %	累積%
1	6.878	42.989	42.989	6.878	42.989	42.989	3.476	21.723	21.723
2	1.801	11.257	54.246	1.801	11.257	54.246	3.421	21.384	43.107
3	1.084	6.776	61.021	1.084	6.776	61.021	2.866	17.914	61.021
4	.942	5.884	66.906						
5	.879	5.493	72.399						
6	.808	5.050	77.449						
7	.736	4.598	82.048						
8	.478	2.985	85.033						
9	.391	2.446	87.479						
10	.361	2.257	89.736						
11	.350	2.190	91.926						
12	.312	1.950	93.876						
13	.308	1.926	95.802						
14	.276	1.727	97.529						
15	.214	1.340	98.869						
16	.181	1.131	100.000						

萃取法：主成份分析。

    萃取出三個因素，其特徵值(eigenvalues)分別為 6.878、1.801、1.084，皆大於 1。

3. 轉軸後的成份矩陣

轉軸後的成份矩陣[a]

	元件		
	1	2	3
尋求刺激與挑戰	.831		
想擁有冒險經驗	.829		
想獲得獨特的經驗	.664		
挑戰大自然	.623		
探索新事物	.588		
獲得新知識，能與他人分享這次活動	.558		.501
遠離工作壓力		.805	
達到身心釋放		.724	
促進身心健康		.704	
達到運動效果		.666	
體驗大自然		.632	
欣賞自然美景		.535	
體驗與日常生活不同的情境			
能與朋友（或家人）一起發展良好關係			.726
享有一種團體經驗			.708
獲得自信心與成就感			.592

萃取方法：主成份分析。
旋轉方法：旋轉方法：含 Kaiser 常態化的 Varimax 法。

a. 轉軸收斂於 6 個疊代。

　　因素負荷量越高，表示該題項的潛在特質在共同性的地位越重要。a11 體驗與日常生活不同的情境，成份小於 0.5，故應刪除此題項，再做一次因素分析，結果如下表。

轉軸後的成份矩陣[a]

	元件		
	1	2	3
想擁有冒險經驗	.827		
尋求刺激與挑戰	.827		
想獲得獨特的經驗	.681		
挑戰大自然	.649		
探索新事物	.619		
獲得新知識，能與他人分享這次活動	.590		
遠離工作壓力		.807	
達到身心釋放		.726	
促進身心健康		.701	
達到運動效果		.662	
體驗大自然		.627	
欣賞自然美景		.528	
能與朋友（或家人）一起發展良好關係			.747
享有一種團體經驗			.693
獲得自信心與成就感			.559

萃取方法：主成份分析。
旋轉方法：旋轉方法：含 Kaiser 常態化的 Varimax 法。

　a. 轉軸收斂於 5 個疊代。

4. 動機部分 a1~a16

因素一包含： （追求自我）	a4 尋求刺激與挑戰、a3 想擁有冒險經驗、a12 想獲得獨特的經驗、a9 挑戰大自然、a14 探索新事物、a13 獲得新知識，能與他人分享這次活動
因素二包含： （身心釋放）	a1 遠離工作壓力、a2 達到身心釋放、a16 促進身心健康、a15 達到運動效果、a5 體驗大自然、a6 欣賞自然美景
因素三包含： （社交活動）	a7 能與朋友（或家人）一起發展良好關係、a8 享有一種團體經驗、a10 獲得自信心與成就感

5. 信度分析

　　檢定此問卷是否具信度，執行信度分析。開啟原始 SPSS 檔，點選分析(A)項下之尺度(A)右邊第一個信度分析(R)之選項，出現信度分析之對話方塊。

🅒 圖 15-8　執行信度分析

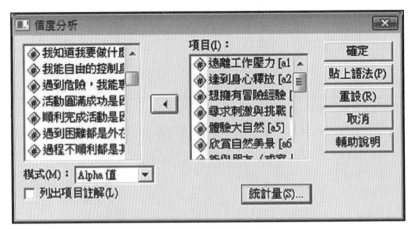

🅒 圖 15-9　信度分析之對話方塊

　　將萃取出之三個因素分別做信度分析，再將 a1~a16，16 個變數一起做信度分析。

| 報 | 表 | 分 | 析 |　　　　　　　　　　Applied Statistics

信度統計量

因素一（追求自我）信度統計量

Cronbach's Alpha 值	項目的個數
.864	6

因素二（身心釋放）信度統計量

Cronbach's Alpha 值	項目的個數
.825	6

因素三（社交能力）信度統計量

Cronbach's Alpha 值	項目的個數
.729	3

動機題項整體信度統計量

Cronbach's Alpha 值	項目的個數
.907	16

Cronbach's Alpha 值皆> 0.7，表示信度良好。

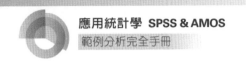
因素 （需歸納命名）	特徵值	解釋變異量		信度	因素 負荷值	因素子項
		單項	累積			
因素一、 追求自我	6.878	42.989	42.989	.864	.827	a4 尋求刺激與挑戰
					.827	a3 想擁有冒險經驗
					.681	a12 想獲得獨特的經驗
					.649	a9 挑戰大自然
					.619	a14 探索新事物
					.590	a13 獲得新知識，能與他人分享這次活動
因素二、 身心釋放	1.801	11.257	54.246	.825	.807	a1 遠離工作壓力
					.726	a2 達到身心釋放
					.701	a16 促進身心健康
					.662	a15 達到運動效果
					.627	a5 體驗大自然
					.528	a6 欣賞自然美景
因素三、 社交活動	1.084	6.776	61.021	.729	.747	a7 能與朋友（或家人）一起發展良好關係
					.693	a8 享有一種團體經驗
					.559	a10 獲得自信心與成就感

1. 各個受測者在各因素構面之計算

點選原始 SPSS 檔轉換(T)項下之計算(C)，出現計算變數之對話方塊。

● 圖 15-10　執行計算受測者在各因素構面的得分

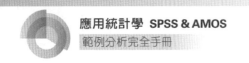

因素一　追求自我(aa1)包含：

a4 尋求刺激與挑戰、a3 想擁有冒險經驗、a12 想獲得獨特的經驗、a9 挑戰大自然、a14 探索新事物、a13 獲得新知識，能與他人分享這次活動，共六題，所以將這些題數之得分加權加總後，除以權重，便獲受測者在此因素構面所得之平均分數。

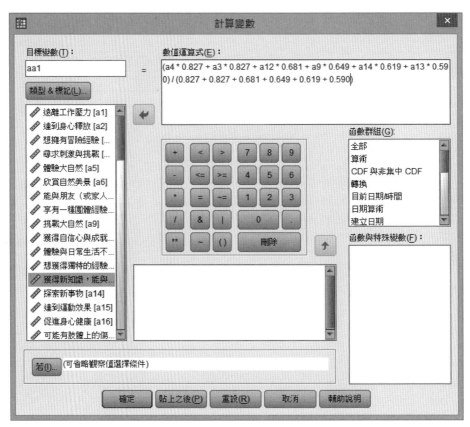

🅒 圖 15-11　計算變數之對話方塊（因素一）

因素二 身心釋放(aa2)包含：

a1 遠離工作壓力、a2 達到身心釋放、a16 促進身心健康、a15 達到運動效果、a5 體驗大自然、a6 欣賞自然美景，共六題，所以將這些題數之得分加權加總後，除以權重，便獲受測者在此因素構面所得之平均分數。

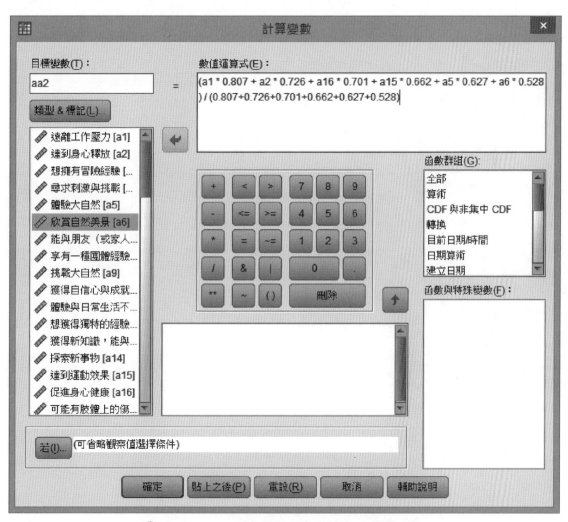

◎ 圖 15-12　計算變數之對話方塊（因素二）

因素三 社交能力(aa3)包含：

a7 能與朋友（或家人）一起發展良好關係、a8 享有一種團體經驗、a10 獲得自信心與成就感，共三題，所以將這些題數之得分權重加總後，除以權重，便獲受測者在此因素構面所得之平均分數。

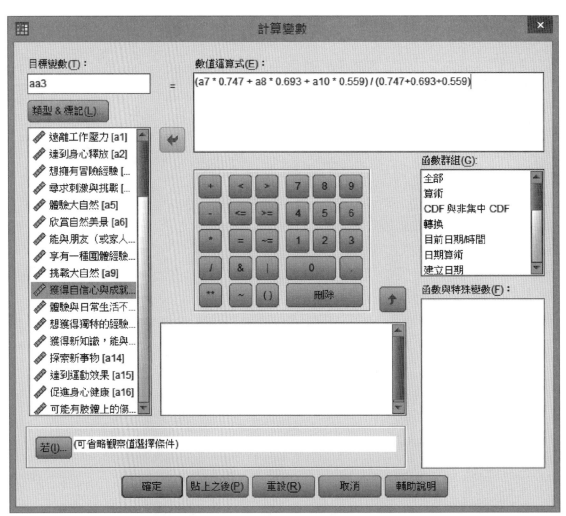

🄲 圖 15-13　計算變數之對話方塊（因素三）

Ⓒ 圖 15-14 受測者在各因素構面之得分

2. K-means 集群分析

[◉ 資料檔：範例 15-2]

將受測者分類，點選 SPSS 檔分析(A)項下之分類(Y)右邊第二個選項，K 平均數集群(K)，出現 K 平均數集群之對話方塊。

Ⓒ 圖 15-15 執行集群分析

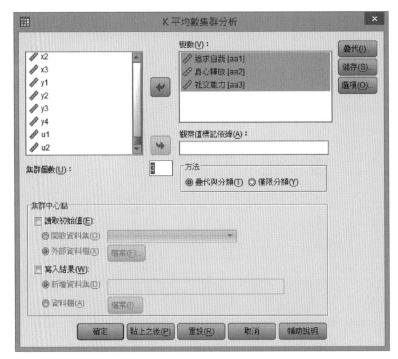

（C 圖 15-16　K 平均數集群分析之對話方塊

　　將剛剛萃取之三個因素移至右邊要分析之變數(V)空白方格中，集群個數
(number of cluster)是樣本數量以及分析者需求適當選定，一般樣本數越多，群集數
越大，本例設定 3 個群集數，完成後，點選下方之按鍵。理論上應選擇切點，由切
點去決定適當的群集數，但實用上，SPSS 是由「先決定群集數」再決定切點是否適
宜。

（C 圖 15-17　K 平均數集群分析：疊代之次對話方塊

　　點選下方疊代(I)鍵，出現 K 平均數集群分析：疊代之次對話方塊。最大疊代 (M)
跑越多次越仔細，不過 SPSS 系統內定為 10 圈，採用預設即可。

🕒 圖 15-18 K 平均數集群分析：儲存新變數之次對話方塊

點選下方儲存(S)鍵，出現 K 平均數集群：儲存新變數之次對話方塊，勾選各集群組員(cluster membership)選項，SPSS 將會在工作表將各受測者自動分群，並新增一欄「群集 NO.」。

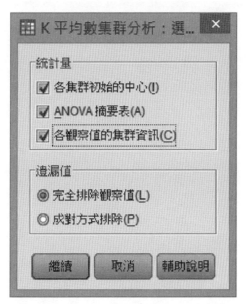

🕒 圖 15-19 K 平均數集群分析：選項

點選下方選項(O)鍵，出現 K 平均數集群分析：選項，設定統計量及遺漏值，按繼續鍵，回到原 K 平均數集群分析之對話方塊，按確定鍵。

SPSS 檔會出現一欄 QCL_1 為自動產生，1 號受訪者被歸類為第 3 群，2 號為第 3 群，5 號為第 2 群，14 號為第 1 群，餘類推。

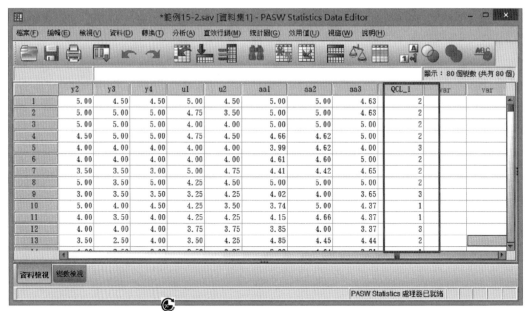

圖 15-20　欄 QCL_1 自動分群

| 報 | 表 | 分 | 析 | Applied Statistics

1. 各集群中的觀察值個數

各集群中的觀察值個數

集群	1	47.000
	2	101.000
	3	65.000
有效的		213.000
遺漏值		.000

上表為各集群有效之樣本（人數／受測者），集群一有效樣本有 47 位，集群二之有效樣本有 101 位，集群三之有效樣本有 65 位，有效樣本共 213 位。

2. ANOVA

ANOVA

	集群		誤差		F 檢定	顯著性
	平均平方和	自由度	平均平方和	自由度		
追求自我	26.486	2	.125	210	211.181	.000
身心釋放	11.818	2	.084	210	140.354	.000
社交能力	19.216	2	.128	210	150.169	.000

F 檢定僅能用於描述性的目的，因為 集群已經選來將不同集群中各觀察值 之間的差異最大化。基於這個原因，觀 察值的顯著水準尚未更正，因而無法解釋 為集群平均數為相同的假設檢定。

上表追求自我（因素一）之 F 值為 211.181，p =.000 < .05；身心釋放（因素二）之 F 值為 140.354，p = .000 < .05；社交能力（因素三）之 F 值為 150.169，p = .000 < .05，以上三個因素之 p 值皆小於.05，皆達顯著。

3. 各群集之命名

C 圖 15-21　執行單因子變異數分析

　　點選分析(A)項下比較平均數法(M)之右邊第五個選項,單因子變異數分析(O),出現單因子變異數分析之對話方塊。

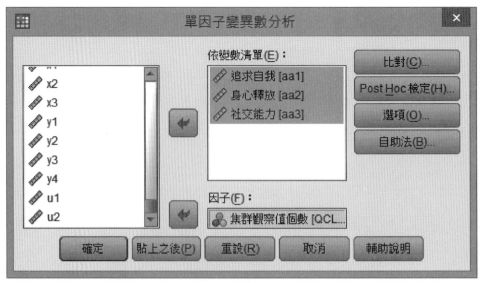

C 圖 15-22　單因子變異數分析之對話方塊

　　將三個因素移至右邊依變數清單(E)之空白方格中，並將新變數「集群觀察值個數」移至下方因子(F)之空白方格中，點選下方 PostHoc 檢定(H)鍵及選項(O)鍵。

　　⊙ 圖 15-23　單因子變異數分析之對話方塊

　　勾選假設相同的變異數中的 Scheffe 法(c)，按繼續鍵回原單因子變異數分析之對話方塊，點選下方之選項(O)鍵，出現單因子變異數分析：選項之次對話方塊，設定統計量及遺漏值，按繼續鍵。

　　⊙ 圖 15-24　單因子變異數分析：選項之次對話方塊

1. ANOVA

ANOVA

		平方和	自由度	平均平方和	F	顯著性
追求自我	組間	52.972	2	26.486	211.181	.000
	組內	26.338	210	.125		
	總和	79.310	212			
身心釋放	組間	23.636	2	11.818	140.354	.000
	組內	17.682	210	.084		
	總和	41.318	212			
社交能力	組間	38.431	2	19.216	150.169	.000
	組內	26.872	210	.128		
	總和	65.303	212			

2. Post Hoc 檢定

多重比較

Scheffe 法

依變數	(I) 集群觀察值個數	(J) 集群觀察值個數	平均差異 (I-J)	標準誤	顯著性	95% 信賴區間	
						下界	上界
追求自我	1	2	-1.18809*	.06253	.000	-1.3423	-1.0339
		3	-.39796*	.06781	.000	-.5651	-.2308
	2	1	1.18809*	.06253	.000	1.0339	1.3423
		3	.79013*	.05631	.000	.6513	.9290
	3	1	.39796*	.06781	.000	.2308	.5651
		2	-.79013*	.05631	.000	-.9290	-.6513
身心釋放	1	2	-.22180*	.05124	.000	-.3481	-.0955
		3	.54748*	.05556	.000	.4105	.6845
	2	1	.22180*	.05124	.000	.0955	.3481
		3	.76929*	.04614	.000	.6555	.8830
	3	1	-.54748*	.05556	.000	-.6845	-.4105
		2	-.76929*	.04614	.000	-.8830	-.6555
社交能力	1	2	-.57530*	.06316	.000	-.7310	-.4196
		3	.39218*	.06849	.000	.2233	.5610
	2	1	.57530*	.06316	.000	.4196	.7310
		3	.96748*	.05688	.000	.8272	1.1077
	3	1	-.39218*	.06849	.000	-.5610	-.2233
		2	-.96748*	.05688	.000	-1.1077	-.8272

*. 平均差異在 0.05 水準是顯著的。

3 個群集在三個因素構面整體上有顯著差異，另從 Scheffe 事後檢定報告，所有群集之間在每一因素構面均有顯著差異。

由 ANOVA 的敘述性統計或是 K-means 的各群集之各因素得分表可以分析如下表：

最後集群中心點

	集群		
	1	2	3
追求自我	3.55	4.73	3.94
身心釋放	4.62	4.84	4.07
社交能力	4.25	4.82	3.86

各群集在每一因素構面所得之分數。

3. 集群之命名

集群之命名，可依集群不同的因素特徵，予以命名。

	集群					
	集群 1	排序	集群 2	排序	集群 3	排序
追求自我	3.55	2	4.73	1	3.94	3
身心釋放	4.62	2	4.84	1	4.07	3
社交能力	4.25	2	4.82	1	3.86	3
命名	中等自我調適型		提升自我完美型		低度自我要求型	

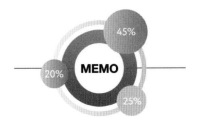

CHAPTER **16**

隨機機率

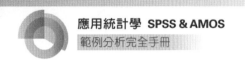

16-1　　二項分配

　　二項分配(binomial distribution)是 N 個獨立的（成功／失敗）試驗中，成功的次數的離散機率分布，其中每次試驗的成功機率為 p。

　　投骰子的機率：

　　投擲一公正骰子一次，試求以下各題的機率：

1. 擲出點數為 6：點數為 6 的事件={6}，機率為 1/6。

2. 擲出點數為偶數：點數為偶數的事件={2,4,6}，機率為 3/6 =1/2。

3. 擲出點數大於 4：點數大於 4 的事件={5,6}，機率為 2/6=1/3。

SPSS 範例一

　　投擲一公正骰子 5 次，試求剛好出現二次點數大於 4 的機率是多少？而 5 次中至多出現兩次點數大於 4 的機率是多少？

　　說明：此題是二項分配的應用，N 次試驗中正好得到 X 次成功的機率：

$$p(X) = \frac{N!}{X!(N-X)!} p^X q^{N-X}$$

X=想要獲得的結果數目

p(X) =想要獲得的結果數目之機率

N=試驗的次數

! =階乘符號，例如 4!=4×3×2×1=24

p=任一試驗裡成功的、正面的或對的機率

q=任一試驗裡失敗的、負面的或錯的機率，p=1 −q

　　試求出剛好出現二次點數大於 4 的機率：

　　由公式或 SPSS 都可求出機率值。

方法一：由公式直接求得機率值。

$$P(X=2)=\binom{5}{2}(\frac{1}{3})^2(\frac{2}{3})^3=\frac{80}{243}=0.33$$

方法二：由 SPSS 求得機率值。

$p(X≤2)$ 為至多出現兩次點數大於 4 的機率，是屬於累積機率，可由 SPSS 所附 CDF.BINOM(X, N, p)，的公式求得。

[◉ 資料檔：範例 16-1]

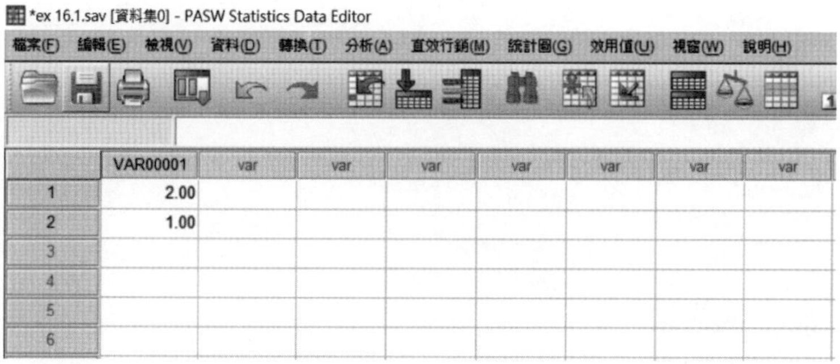

步驟一 點選：轉換／計算變數

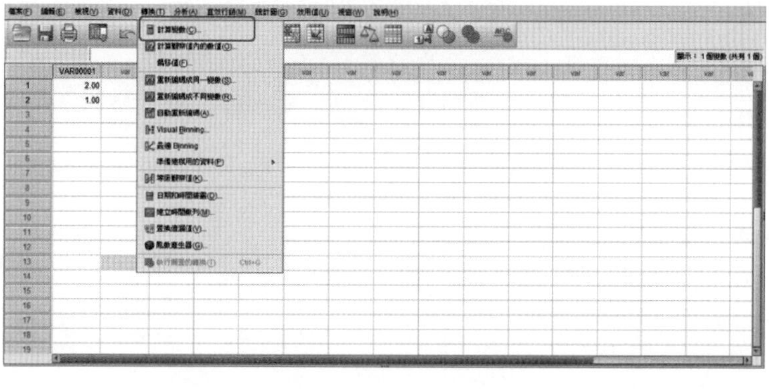

步驟二 在目標變數輸入 x，並在函數群組中，展開 CDF 與非集中 CDF，再點選 CDF.BINOM

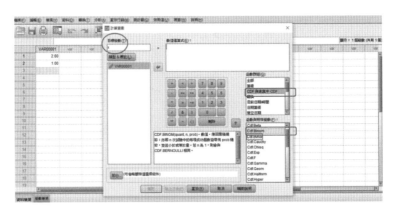

步驟三 將變數插入公式中

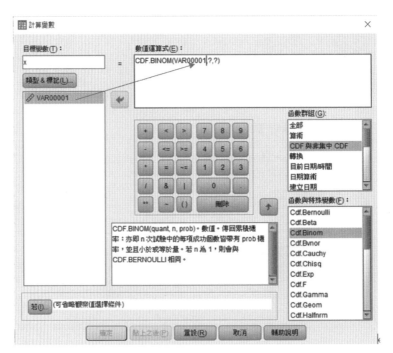

步驟四 輸入 N=5, p=1/3，再按確定

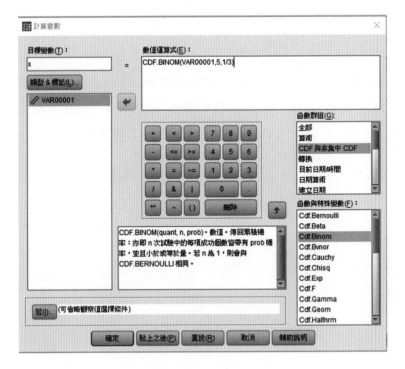

至多出現兩次點數大於 4 的機率=0.79

至多出現 1 次點數大於 4 的機率=0.46

　　剛好出現二次點數大於 4 的機率，也可由至多出現兩次點數大於 4 的機率減去 1 次出現點數大於 4 的機率而得，即 0,79–0.46=0.33，此結果與公式算出的機率值均為 0.33。

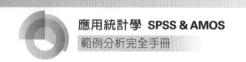

16-2 超幾何分配

超幾何分配(hypergeometric distribution)是在由有限個物件中抽出 n 個物件，樣本抽出後，不放回(without replacement)的隨機試驗，k 次指定種類的物件的機率。

例如在有總數 N 個樣本，其中 K 個是成功次數，(N−k)個失敗次數的。超幾何分配是指在該 N 個樣本中抽出 n 個，其中 k 個成功次數的機率：

$$f(k;n,K,N) = \frac{\binom{K}{k}\binom{N-K}{n-k}}{\binom{N}{n}}$$

SPSS 範例二

將 5 顆黑豆，3 顆黃豆混在一起，抽出 6 顆豆子，這 6 顆豆子包括 4 顆黑豆的機率是多？

說明：此題是超幾何分配的應用，N 次試驗中正好得到 X 次成功的機率：

由公式或 SPSS 都可求出機率值。

方法一：由公式直接求得機率值。

$$P(X=4) = \frac{\binom{5}{4}\binom{3}{2}}{\binom{8}{6}} = \frac{15}{28} = 0.53$$

方法二：由 SPSS 求得機率值。

5 顆黑豆，3 顆黃豆混在一起，抽出 6 顆豆子，這 6 顆豆子包括 4 顆黑豆的機率，也可由 SPSS 所附 CDF.HYPER(k, N, K, n)，的公式求得。

[◉ 資料檔：範例 16-2]

步驟一 打開範例 16-2

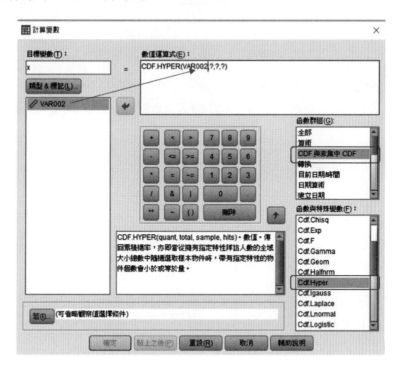

步驟二 點選：轉換／計算變數，在目標變數輸入 x，並在函數群組中，展開 CDF 與非集中 CDF，再點選 CDF.HYPER

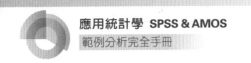

步驟三 輸入(k, N, K, n)，CDF.HYPER（變數, 8, 5, 6），再按確定

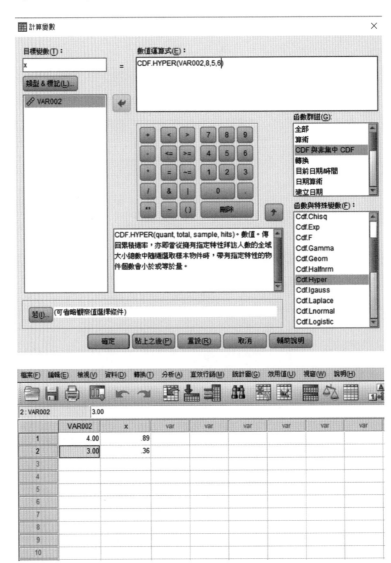

　　抽出 6 顆豆子，這 6 顆豆子包括 4 顆黑豆的機率，可由 SPSS CDF.HYPER(4, 8, 5, 6)- CDF.HYPER(3, 8, 5, 6)=0.89-0.36=0.53。

16-3 卜瓦松分配

卜瓦松分配(Poisson distribution)，也是一種統計與機率學裡常見到的離散機率分配，卜瓦松分配適合於描述單位時間內隨機事件發生的次數的機率分布。如某一服務設施在一定時間內受到的服務請求的次數，電話交換機接到呼叫的次數、汽車站台的候客人數、機器出現的故障數、自然災害發生的次數、學生缺課的次數。

卜瓦松分布的機率質量函數為：

$$P(X=k)=\frac{e^{-\lambda}\lambda^k}{k!}$$

K 為發生次數的變數值，

λ 是區段時間內發生次數的平均數（期望值）。

e 是自然指數。

SPSS 範例三

新冠疫情期間，假設注射某大廠牌的疫苗的人有不良反應的機率為 0.0001(p)，求 20,000 (n)人中(1)恰有 3 人、(2)超過 2 人，注射後有不良反應的機率。

方法一：由公式直接求得機率值。

因為：n = 20,000， p = 0.0001 ，$\lambda = np = 20,000 \times 0.0001 = 2$（平均數）

1. $P(x=3)=\dfrac{e^{-2}2^3}{3!}=\dfrac{0.13536\times 8}{6}=0.18$

2. $P(x>2)=1-\{P(x=0)+P(x=1)+P(x=2)\}=1-(0.135+0.271+0.271)=1-0.677=0.323$

方法二：由 SPSS 求得機率值。

可由 SPSS 所附 CDF.POISSON(x, λ)，的公式求得。

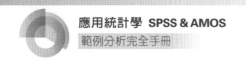

[◎ 資料檔：範例 16-3]

步驟一▶ 打開範例 16-3

	VAR001	var	var	var	var	var
1	.0					
2	1.000					
3	2.000					
4	3.000					
5						
6						

步驟二▶ 點選：轉換／計算變數，在目標變數輸入 x，並在函數群組中，展開 CDF 與非集中 CDF，再點選 CDF.POISSON，輸入 $\lambda=2$（平均數），再按確定

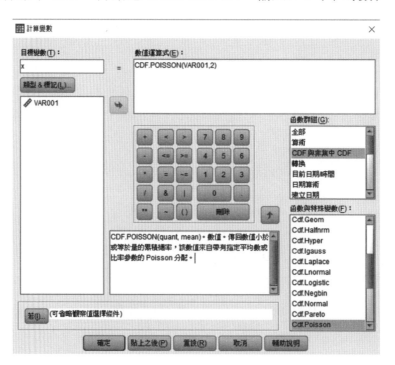

> **步驟三** 由輸出結果顯示：

1. 恰有 3 人，注射後有不良反應的機率=0.857－0.677=0.18

   同理：

   恰有 2 人，注射後有不良反應的機率=0.677－0.406=0.271

   恰有 1 人，注射後有不良反應的機率=0.406－0.135=0.271

   恰有 0 人，注射後有不良反應的機率 0.135

2. 超過 2 人，注射後有不良反應的機率。

   $1-(0.135 + 0.271 + 0.271)= 1-0.677 = 0.323$

	VAR001	x	var	var	var	var
1	.0	.135				
2	1.000	.406				
3	2.000	.677				
4	3.000	.857				
5						
6						

16-4 常態分配

　　常態分配(normal distribution)，又名高斯分配(Gaussian distribution)，是一個很常見的連續機率分布，經常用在自然和社會科學來代表一個不明的隨機變數。

SPSS 範例四

　　假設高速公路平均時速是 90 公里，標準差是 16 公里，警察想要對速度最慢的後 2.5%龜速車開罰，若要避免開罰，最慢速度不得低於時數多少公里？

　　方法一：由公式直接求得機率值。

　　標準常態分配，機率若為 2.5%，Z 值為-1.96（在常態分配圖的左邊），機率若為 97.5%，Z 值為+1.96（在常態分配圖的右邊）。（可由查表得知）

公式 $Z = \dfrac{x-u}{\sigma}$ ，所以 $-1.96 = \dfrac{x-90}{16}$ ，x=58.64

駕駛人最慢速度不得低於每小時 58.64 公里。

方法二：由 SPSS 求得機率值。

可由 SPSS 所附 IDF.NORMAL（機率，平均數，標準差），的公式求得。

[◎ 資料檔：範例 16-4]

步驟一 　打開範例 16-4

範例中，已輸入機率值 0.025

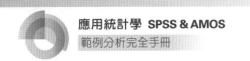

	VAR001	var	var	var	var	var
1	.025					
2						
3						
4						
5						
6						

步驟二 點選:轉換/計算變數,於目標變數鍵入 x,於函數群組,選擇:全部/Idf.Normal,並鍵入平均數(90),標準差(16),再按確認

步驟三 由輸出結果顯示:最低時數為 58.64。

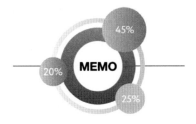

參 | 考 | 文 | 獻   REFERENCES

Fornell, C., & Larcker, D. F. (1981). Evaluating structural equation models with unobservable variables and measurement error. *Journal of Marketing Reseaarch, 18*(1), 39-50.

李志青(2015)。運動選手之代言人可信度對品牌知名度與購買意願影響之研究－以2014 年世界盃足球賽 Adidas 為例，大葉大學運動健康管理學系碩士論文。

莊雅倩(2015)。中華職棒主場現場觀眾體驗、滿意度與行為意向關係之研究－以Lamigo 桃猿隊全猿主場為例，大葉大學運動健康管理學系碩士論文。

Eforn, B. (1979). Bootstrap methods: Another look at the Jackknife. The Annals of Statistics, 7(1), 1-26. doi:10.1214/aos/ 1176344552

MacKinnon, D. P. (2008). Introduction to Statistical Medication Analysis. New York: NY: Lawrence Erlbaum Associates.

鄭怡君、蔡俊傑（2016）。Bootstrap 中介效果結構方程模式分析。體育學系系刊，15，102-114。doi:10.29793/TYHHHK

王宗基(2022)。消防人員職場友誼、關係品質與幸福感之研究，大葉大學運動健康管理學系碩士論文。

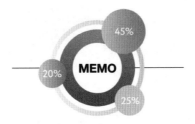

MEMO

附錄一　　問卷 1

研究題目：運動選手之代言人可信度對品牌知名度與購買意願影響之研究－以 2014 年世界盃足球賽 Adidas 為例。

研究架構：

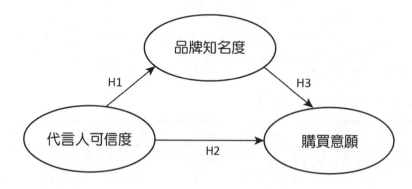

研究假設：

H1：運動選手代言人可信度正向影響品牌知名度。

H2：運動選手代言人可信度正向影響消費者的購買意願。

H3：品牌知名度正向影響消費者的購買意願。

表 1-1　代言人可信度衡量構面與問項

構　面	問　項
專業性	1.　我認為專業知識豐富的選手才夠資格當代言人。 2.　我認為運動技巧高超的選手才夠資格當代言人。 3.　我認為比賽經驗豐富的選手才夠資格當代言人。 4.　我認為比賽成績優異的選手才夠資格當代言人。
吸引力	5.　我覺得運動選手代言人外型帥氣，能吸引我的注意。 6.　我覺得運動選手代言人很有親和力，讓我願意接近。 7.　我覺得運動選手代言人舉止優雅有魅力，令人喜愛。 8.　我覺得運動選手代言人的行事風格，和我非常相似。

表 1-1　代言人可信度衡量構面與問項（續）

構　面	問　項
可靠性	9.　形象好的運動選手所傳達的訊息，較值得我們信賴。 10. 形象好的運動選手所代言的商品，會讓我較為安心。 11. 形象好的運動選手所代言的商品，較能吸引我購買。 12. 運動選手有負面消息時，會影響我對代言商品的支持。
曝光率	13. 運動選手若經常出賽，較能吸引我購買其代言的商品。 14. 運動選手經常被新聞媒體報導，可以提升其代言效果。 15. 運動選手經常出現在各類廣告之中，可提升代言效果。 16. 曝光率高的運動選手代言的商品，較能引起我的注意。

表 1-2　品牌知名度衡量構面與問項

構　面	問　項
品牌回憶	1.　當我購買運動商品時，我容易聯想到 Adidas 這個品牌。 2.　我認為 Adidas 是讓人印象深刻、熟悉的運動商品品牌。 3.　我認為 Adidas 在運動商品中，是有很高知名度的品牌。 4.　我認為 Adidas 在運動商品的品牌中，具有代表性地位。
品牌認知	5.　我覺得 Adidas 的商標設計別緻，消費者非常容易辨認。 6.　我覺得 Adidas 在運動商品的功能設計上有獨到之處。 7.　我覺得在眾多品牌商品之中，Adidas 具有獨特的風格。 8.　在眾多品牌商品之中，我可以指認出 Adidas 這個品牌。

表 1-3　購買意願衡量構面與問項

構　面	問　項
購買意願	1.　我會主動去詢問了解 Adidas 這個品牌的運動商品。 2.　在同價位的商品中，我會優先買 Adidas 這個品牌的商品。 3.　我願意推薦 Adidas 的運動商品給我的親朋好友。 4.　我採購運動商品時，購買 Adidas 這個品牌的可能性很高。

正式問卷

運動選手之代言人可信度對品牌知名度與購買意願影響之研究

－以 2014 年世界盃足球賽 Adidas 為例

親愛的受訪者，您好：

非常感謝您於百忙之中協助填答本學術性研究問卷，本研究欲探討**運動選手之代言人可信度對於品牌知名度與購買意願之影響**。問卷共分為四大部分，<u>每一題皆為單選題</u>，選答無所謂對或錯，只要按照您個人真正的想法，在適當的□中打上ˇ。<u>此問卷僅供學術研究之用，採不記名方式填答，資料絕對保密，敬請安心填寫</u>。誠摯感謝您的寶貴意見和熱心協助。敬祝健康、順心。

大葉大學運動健康管理學系碩士在職專班

指導教授：李城忠　博士

研究生：李志青　敬上

引言：

2014 年巴西世界足球賽，Adidas 作為國際足總(FIFA)的官方指定運動品牌，在本屆世界盃不但贊助了西班牙、阿根廷、德國、哥倫比亞、日本、墨西哥、奈及利亞和俄羅斯隊等八支參賽球隊。更簽下當今世界足壇最紅的球星「小獅王」梅西(Messi)為其品牌的廣告大使，同時也和許多著名球星簽下代言合約，例如：獲選上屆南非世界盃「金手套獎」，號稱「世界上最強的守門員」卡西亞斯(Casillas)；雙獲上屆南非世界盃「金靴獎」及「賽事最佳年輕球員獎」穆勒(Muller)等運動明星。

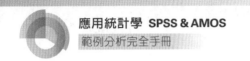
【第一部分】主要了解您對運動代言人可信度來源因素－以世足賽球員為例，
在下列句子中請依您目前情況，在各項最適合的〝□〞中打「∨」：（請注意：1 表示非常不同意，5 才是非常同意）

	非常不同意	不同意	普通	同意	非常同意
1. 我認為專業知識豐富的選手才夠資格當代言人。⋯⋯⋯⋯⋯⋯	1	2	3	4	5
2. 我認為運動技巧高超的選手才夠資格當代言人。⋯⋯⋯⋯⋯⋯	1	2	3	4	5
3. 我認為比賽經驗豐富的選手才夠資格當代言人。⋯⋯⋯⋯⋯⋯	1	2	3	4	5
4. 我認為比賽成績優異的選手才夠資格當代言人。⋯⋯⋯⋯⋯⋯	1	2	3	4	5
5. 我覺得運動選手代言人外型帥氣，能吸引我的注意。⋯⋯⋯⋯	1	2	3	4	5
6. 我覺得運動選手代言人很有親和力，讓我願意接近。⋯⋯⋯⋯	1	2	3	4	5
7. 我覺得運動選手代言人舉止優雅有魅力，令人喜愛。⋯⋯⋯⋯	1	2	3	4	5
8. 我覺得運動選手代言人的行事風格，和我非常相似。⋯⋯⋯⋯	1	2	3	4	5
9. 形象好的運動選手所傳達的訊息，較值得我們信賴。⋯⋯⋯⋯	1	2	3	4	5
10.形象好的運動選手所代言的商品，會讓我較為安心。⋯⋯⋯⋯	1	2	3	4	5
11.形象好的運動選手所代言的商品，較能吸引我購買。⋯⋯⋯⋯	1	2	3	4	5
12.運動選手有負面消息時，會影響我對代言商品的支持。⋯⋯⋯	1	2	3	4	5
13.運動選手若經常出賽，較能吸引我購買其代言的商品。⋯⋯⋯	1	2	3	4	5
14.運動選手經常被新聞媒體報導，可以提升其代言效果。⋯⋯⋯	1	2	3	4	5
15.運動選手經常出現在各類廣告之中，可提升代言效果。⋯⋯⋯	1	2	3	4	5
16.曝光率高的運動選手代言的商品，較能引起我的注意。⋯⋯⋯	1	2	3	4	5

【第二部分】主要想了解您對於「Adidas」這個品牌的看法。在下列句子中請依您目前情況，在各項最適合的〝□〞中打「ˇ」：（請注意：1 表示非常不同意，5 才是非常同意）

	非常不同意	不同意	普通	同意	非常同意
1. 當我購買運動商品時，我容易聯想到 Adidas 這個品牌。…………	1	2	3	4	5
2. 我認為 Adidas 是讓人印象深刻、熟悉的運動商品品牌。…………	1	2	3	4	5
3. 我認為 Adidas 在運動商品中，是有很高知名度的品牌。………	1	2	3	4	5
4. 我認為 Adidas 在運動商品的品牌中，具有代表性地位。………	1	2	3	4	5
5. 我覺得 Adidas 的商標設計別緻，消費者非常容易辨認。………	1	2	3	4	5
6. 我覺得 Adidas 在運動商品的功能設計上有獨到之處。…………	1	2	3	4	5
7. 我覺得在眾多品牌商品之中，Adidas 具有獨特的風格。…………	1	2	3	4	5
8. 在眾多品牌商品之中，我可以指認出 Adidas 這個品牌。………	1	2	3	4	5

【第三部分】主要想了解您透過世足賽球員代言後，對於 Adidas 這個品牌的運動商品的消費意願。在下列句子中請依您目前情況，在各項最適合的〝□〞中打「ˇ」：（請注意：1 表示非常不同意，5 才是非常同意）

	非常不同意	不同意	普通	同意	非常同意
1. 我會主動去詢問了解 Adidas 這個品牌的運動商品。…………………	1	2	3	4	5
2. 在同價位的商品中，我會優先買 Adidas 這個品牌的商品。………	1	2	3	4	5
3. 我願意推薦 Adidas 的運動商品給我的親朋好友。…………………	1	2	3	4	5
4. 我採購運動商品時，購買 Adidas 這個品牌的可能性很高。………	1	2	3	4	5

【第四部分】本部分問項是關於您的個人基本資料，所得資訊僅供研究統計分析使用，**絕不對外公開**，敬請放心填答。（請注意：每題均為<u>單選題</u>）

1. 請問您是屬於哪一個性別？	□(1)男性　　　　　　□(2)女性
2. 請問您的年齡是屬於哪一個年齡層？	□(1)小於 15 歲　　　　□(2)16~25 歲 □(3)26~35 歲　　　　□(4)36~45 歲 □(5)大於 46 歲
3. 請問您的教育程度？	□(1)國中（含）以下　　□(2)高中（職） □(3)大學（專科）　　　□(4)研究所（含）以上
4. 請問您的平均每月可支配所得大約是多少元？	□(1)10,000 元（含）以下　□(2)10,001~20,000 元 □(3)20,001~30,000 元　　□(4)30,001~40,000 元 □(5)40,001~50,000 元　　□(6)50,001 元（含）以上
5. 請問您對於運動的參與程度？	□(1)很不喜愛　　　□(2)不太喜愛 □(3)還算喜愛　　　□(4)非常喜愛

本問卷到此結束，請檢查有無漏答之題目，再次感謝您的協助！

問卷資料來源：李志青(2015)碩士論文

研究題目：中華職棒主場現場觀眾體驗、滿意度與行為意向關係之研究－以 Lamigo 桃猿隊全猿主場為例。

研究架構：

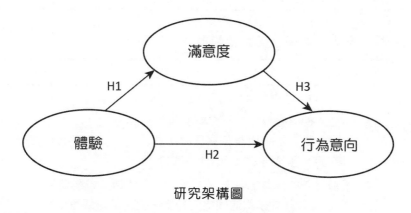

研究架構圖

H1：桃猿隊全猿主場現場觀眾體驗正向影響其滿意度。

H2：桃猿隊全猿主場現場觀眾體驗正向影響其行為意向。

H3：桃猿隊全猿主場現場觀眾滿意度正向影響其行為意向。

表 2-1　全猿主場體驗之衡量構面及問項

構　面	問　項
	觀賞 Lamigo 桃猿隊全猿主場的現場比賽，讓我覺得
感官體驗	1. 滿足了我視覺上的享受。 2. 啦啦隊帶動方式能吸引我的目光。 3. 觀眾熱情的加油聲、全猿主場的隊歌振奮人心。
情感體驗	4. 感受到歡樂的氣氛。 5. 可以跟啦啦隊或猿氣小子更親近。 6. 可以與自己支持的球隊更親近。
思考體驗	7. 找到群體的歸屬感。 8. 對棒球規則更加了解。 9. 加油動作、口號能引發我的好奇心想要學習。
關聯體驗	10. 會和親友分享觀賞的體驗、回憶。 11. 會把觀賞訊息、畫面，上傳網路與好友分享。 12. 對全猿主場有負向或不好的看法。

表 2-2　全猿主場滿意度之衡量構面及問項

構面	問項
	觀賞 Lamigo 桃猿隊全猿主場的比賽，整體而言我對
整體滿意度	1. 在全猿主場觀賞球賽的經驗感到滿意。 2. Lamigo 桃猿隊全猿主場的環境感到滿意。 3. Lamigo 桃猿隊全猿主場的活動氣氛感到滿意。 4. Lamigo 桃猿隊的整體評價是滿意。

表 2-3　全猿主場行為意向之衡量構面及問項

構面	問項
	在觀賞 Lamigo 桃猿隊全猿主場的球賽後
忠誠度	1. 我會向他人宣傳或推薦全猿主場的活動。 2. 我會鼓勵親友參與全猿主場的活動。 3. 下次我仍願意再次觀賞全猿主場的活動。
支付更多	4. 即使現在的門票比其它球場貴，我依然願意買票進場。 5. 即使 lamigo 主題趴的商品比較貴，但我還是願意購買。 6. 因為全猿主場的活動，我願意多付一點錢。
抱怨	7. 若有不滿情況發生，我會向球隊反應。 8. 若有不滿情況發生，我會藉由親友或媒體加以宣傳。 9. 若有不滿情況發生，我會向相關單位（CPBL、消基會）申訴。

問卷資料來源：莊雅倩(2015)碩士論文

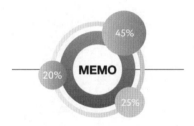

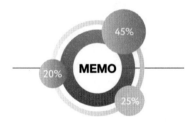

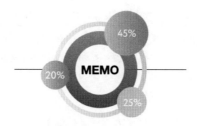

國家圖書館出版品預行編目資料

應用統計學：SPSS & AMOS 範例分析完全手冊/
李城忠編著. -- 四版. -- 新北市：新文京開發
出版股份有限公司, 2023.05
面； 公分

ISBN 978-986-430-921-4（平裝）

1.CST：統計套裝軟體 2.CST：統計分析

512.4 112005914

應用統計學：SPSS & AMOS 範例分析完全手冊（第四版） （書號:**H182e4**）

編著者	李城忠
出版者	新文京開發出版股份有限公司
地址	新北市中和區中山路二段 362 號 9 樓
電話	(02) 2244-8188（代表號）
FAX	(02) 2244-8189
郵撥	1958730-2
初版	西元 2011 年 06 月 05 日
二版	西元 2016 年 02 月 01 日
三版	西元 2018 年 07 月 15 日
四版	西元 2023 年 05 月 25 日

建議售價：490 元
法律顧問：蕭雄淋律師
ISBN 978-986-430-921-4

New Wun Ching Developmental Publishing Co., Ltd.

New Age · New Choice · The Best Selected Educational Publications — NEW WCDP

NEW WCDP

新文京開發出版股份有限公司

新世紀·新視野·新文京 — 精選教科書·考試用書·專業參考書